先生の叫び 学校の悲鳴

エイデル研究所

はじめに

「乾いた雑巾を絞《しぼ》る」という言葉があります。絞っても乾いているので、水滴1つ出ない様をあらわすもので、人間に向かって使われる際には、これ以上は合理化できないのに無理に合理化を推し進める――それによって人間としての生活さえも危うくなることを形容して言われてきました。しかし私はいま、教師たちの働きぶりを見ていて「乾いた雑巾とわかっていて、なおも絞られ続けるために、その雑巾の繊維さえもが切れ始めている」状態ではないのかと危惧《きぐ》しています。この繊維が切れるというのは、人間としての普通の行動や生命維持にとって危機的な事態をあらわしています。

一つは精神的な健康状態の悪化です。在職中に教師が自殺をしてしまう事件は、年間100件を超え続けています。そして精神的な病気になって仕事が続けられなくなっていく事態は、この20年間に本当に多く報告されています。2015（平成27）年1月に文部科学省が公表した2013（平成25）年度のデータでも、全国の公立小中高等学校の教員のうち、病気休職している者は8408人、うち精神性疾患を理由とする者は5078人と6割を超え、全教員数の0・55%を占めています。この数年間の毎年、病休8000人超え、精神性疾患5000人超えということ自体が異常ですが、児童生徒数が少なくなり教員の数も減少する状況の中での数字なだけに、極めて深刻な実態を示しています。

そしてこの人数の中には私立学校の教員は含まれず、幼稚園教員・厚生労働省管轄の保育所の教員（保育士）も入っていません。だとすれば、公教育機関の先生と称される職種全体で見れば、病気休職1万人、うち精神性疾患による者7000人という推測値になると思います。

二つめは、懲戒処分を受けることになる、破廉恥行為や脱法・違法行為などの不祥事の増加です。もちろんそれぞれに被害者がいますので、こういった事件を起こした教員をかばう意図はありません。それでもかなりの事案において、高度のストレス状況がそれらの誘因になったのではないかと思われるケースが見られます。残念ながらこれは私の主観や感覚からくるものであって、具体的なデータで示すことができなくて申し訳ありません。

いずれにせよこれまで約40年間、私が教育学者として学校現場の現実と向き合ってきて、あまりにも危機的なわが国の教員たち――それを「先生」と称します――の置かれた状況の過酷さを、正確に理解することが何よりも大事なことだと思います。国民全体がこの事実にきちんと正対し、特に政治家やマスコミ関係者もまた正確な評価をして報道することを願います。

子どもたちの成長発達に責任を持つ先生は、はつらつと元気に仕事ができているのか？　先生にできないことまで社会は求めていないか？　社会の矛盾や政治のしくじりの責任を、先生におっかぶせるようになってはいないか？　若者たちが人を教えることに夢を持ち、先生になることを希望する社会であり続けているのか？

先生たちが自ら声をあげ、学校がどうなっているか、子どもたちがよりよく育つ環境ができているか、子どもと教育にとって必要なことは何か、などを語ることは本当に少なくなりました。「言い訳だ」「泣き言にすぎない」「民間に比べればそれほどでもない」「努力が足りないからだ」といった一方的批判の前に、大多数の先生たちは声を押し殺して、人知れず泣き続けてきました。不祥事が起こると「それみたことか」と、あたかもすべての先生が問題であるかのように決めつけられることが多くなりました。その個人の問題を全体の問題であるかのように述べ立てることもおかしいし、単純に個人の問題として矮小化《わいしょう》することも間違っています。

本書は『先生の叫び　学校の悲鳴』という衝撃的なタイトルです。10年前に私は『悲鳴をあげる学校』(旬報社、2006年)を刊行し、学校と保護者の関係が難しくなってきている背景に何があるのか、どうして手を結び合えない関係になる現象が増えてきているのか、という問題提起をしました。今回は学校という組織体ではなく、かけがえのない一人ひとりの先生の周りで、いったい何が起きているのかを伝えたくて発行に至りました。冷静に学校の状況を見つめましょう。すべてはそこから始まると思うのです。先生の「叫び」として、本書の内容を受け止めていただきたいと痛切に思います。

2015(平成27)年12月(還暦となった年に)

第2章 先生の叫び

第1章

学校の悲鳴

01

座談会

学校・園と近隣住民とのトラブルをどう解決するか

―騒音問題か煩音《はんおん》問題かの見極めが重要―

× A氏
関西の私立中高等学校校長

× 市口 実奈子
大阪府阪南市子ども家庭課

× 渡邉 和也
公立高等学校校長

× 橋本 典久
八戸工業大学大学院教授

増加する学校と近隣住民とのトラブル

小野田　学校・家庭・地域の連携が言われながらも、そう簡単ではない事実をたくさん見てきました。この間、保育園から私立、公立の高校までいろんなところで近隣住民とのトラブルがかなり起きていて、私自身も実際にいくつかの相談に乗ったことがあります。3年前には、学校のエアコン室外機が発する騒音が受忍限度を超えているとして、隣地居住者が学校の設置者に対して求めた室外機の撤去請求が、抽象的不作為請求の限度で認容された事例（京都地裁平成20年9月18日判決）も起きています。そして、「子どもの声は騒音か」といったＮＨＫの番組特集や雑誌「アエラ」などでもこの問題が取り上げられています。

実は、学校という存在は必ずしも最初から好意的に見られていたわけではありません。ひと昔前までは、世間の一般的な風潮が学校という存在に対して一目置くことが普通にあり、子どもがたくさんいた時代には大目に見られてきた面がありました。しかしいま、急激な少子化と高齢化社会が進み、個人生活が尊重されるようになれば、〝お互い様〟文化は薄くなり、「袖《そで》振り合うも多生《たしょう》の縁《えん》」といったことわざの意味も通用しなくなり、地域社会の中での学校や園の位置づけが変容するのは当然ともいえます。昔からあった子どもたちのぶしつけな振る舞いや喚声、砂ぼこりや植栽、はては現代的な設備である夜間照明やエアコン室外機の風や音も、学校に対する苦情やトラブルとして拡大し続けています。公共的施設だから、昔から存在していたからといった価値観や理屈は通らなくなっているのです。学校や園は、その周りの地域住民との合意なくしては存続できず、また住民も学校や園とともに暮らしていかざるを得ない以上、このような現代的な紛争やトラブルを少しでも緩和しながら共存する時代ともいえます。今回の座談会では、そういった変化の実情の確認からはじめ、よりよい関係づくりの工夫や展望について語り合いたいと思います。

まずは、学校や園に対する、近隣住民からの苦情やクレームの実情についてお聞かせいただけますか。

登校時に集中する通勤者や住民からの苦情

A氏　ＪＲや地下鉄の車中や駅で、大声を出しながら座り込んでしゃべったり食べたりすることや、大勢の生徒が一斉にバーッと降りてくるために電車に乗れないという、マナーに関する苦情が多いですね。あとは、歩道いっぱいに広がって歩いて、対面するときに通りにくいというのもあります。特に雨の日は傘を差しているから余計に通りづらく、注意をしたら「なんや、このおばはんは?」というような言われ方をした、指導がなっていない、というような苦情ですね。登校時に集中していて、下校時に苦情がきたというのは聞いたことがありません。

小野田　帰りはバラバラに帰っていく傾向が強いけれど、登校時は30分ぐらいの間にどっと来ますからね。

A氏　本校は30分どころか10分から15分ぐらいの間にワッと来ますので、教頭・生徒指導部がその都度対応して、ポイントポイントに教員を立たせて指導をしています。駅の改札口を出たところ、階段を上がったところ、交差点などに3〜4人が立って動きますね。住宅街の方からの苦情というのはゼ口とは言いませんけれど、「声がうるさい」というのが1件あったくらいです。

小野田　立ち番をされるようになったのはいつ頃からですか。

A氏　数年前頃からですね。きっかけは雨の日に傘を差していた生徒とのトラブルで、自転車に乗っていた方が生徒をよけて側溝に落ちてケガをされたというようなことだったと記憶しています。そこで生活指導部が一度、実情を見ながら確認をしようということで、登校者の一番多い地下鉄からの経路に立つことになったのです。一年を通じてやっているわけではなく、多いのは年度始めの4月から連休明けぐらいまで。ただ、ここ数年は季節を問わずそういう苦情をおっしゃってくる方が増えているような気がします。

保育所を悩ませる路上駐車の問題

小野田　市口先生の管轄の公立保育所ではいかがでしょうか。

市口　公立保育所は建ってからもう40年ほどになりますね。のどかなところで、当時はそんなに車で送り迎えするということがなかったので、保護者のために特別な駐車場を用意するということはなく、それはどこも同じだったと思います。最近はお昼寝のお布団なんかも皆さん車で運びますから、自動車の方がほとんどです。しかし公立保育所には保護者のための駐車場がないので、路上駐車します。路上駐車でも縦に並べて停めてくれたらよいのですが、道路の両側に停めたりするもので、「通れない」と保育所よりもまず警察に通報されました。またリタイアされた方が犬の散歩がてら「この置き方はなんや」と保護者にクレームを言うこともあります。

保育所は朝の7時半から9時の2時間で登所します。だから、職員はその間は順番に道路に立たなければなりません。あとは、交差点付近には駐車をしないようにという路上駐車のマナーのお願いを大きくポスターにして保育所の周りに貼ったり、保護者に同じようなかたちで手紙を配布したり、各クラスに置いてあるホワイトボードに書いて知らせたり、警察の方にもそのような啓発を行っていることを伝えたりして、やっと少し緩和したような感じでした。このような路上駐車の問題は、都会では市が有料駐車場を借り上げて、そこに入れてくださいという対応をしているそうです。この問題が一番の悩みです。

次は落ち葉の問題。保育所の周りには植樹をしていますので、秋にはすごい量の落ち葉が落ちるのです。保育所を出た周囲にも町として植樹をしているので、どこの落ち葉か区別がつかないところもあり、「この落ち葉に保育所の落ち葉やと名前書いてありますか」と言いたい気持ちもありましたが、日に2、3回保育所の周りを掃きにいかないとものすごい剣幕で怒られるのです。しかし、こちらが対処する努力を見せると、近隣の方も一緒に手伝ってくれるようになり、だいぶ落ち着いてきました。

太鼓の音がうるさくて寝られない

市口　3つ目は音の問題。保育所は運動会のときに年長児たちが、鼓隊といって太鼓をするのです。ある団地の地域なのですが、練習をしていたら、何かキラキラとまぶしくなったので、何かと思ったら、鏡を反射させてこちらに何かを知らせているらしいのです。そして、次の日に電話がかかってきて、「わしはこれから寝るんや。なんでこんな音をさせるんや」と言われたのです。その当時はまだ保育所の遊戯室にクーラーがついていなかったので、0歳から2歳の子が昼寝をしている保育室の方は締め切って、外側の窓を開けて汗だくで練習をしていたのですが、そのように怒られてしまったので、以後は音を立てないようにタオルを置いて叩くとか、太鼓の音を出さずに練習させるとか工夫をして、そういう間にクーラーが入って、やっとお許しが出たというかたちでした。

４つ目は避難訓練の放送です。運動会については理解してくださっているようであまり苦情はないのですが、避難訓練では驚かれたので、地域の方に「これから避難訓練をします」という一言を入れるようにしました。保育所は海抜４ｍのところにあり、かなり高い所にある避難先まで走っていかなければならないのですが、何も言わずに走っていたら、「何や、こんな小ちゃい子まで走らすんかぁ」と言われたので、「避難訓練中」「津波訓練中」というタスキを巻くようにしたのです。そうしたら、地域のおじさんが「こんなん可哀想やんか、わしらも手伝ったるわ」と言って出てきてくれたり、地域の方にも知ってもらえるようになったりして、いまでは協力的です。

５つ目は焼き芋です。田舎なもので、焼き芋大会というイベントがあるのです。木を燃やすので煙が出るのですが、煙は早朝は海側に流れていくので、「明日、焼き芋大会をしますので、よろしくお願いします」と告知をした上で、職員は5時に集合して焼き芋をつくります。ですから、子どもには火が燃え盛っている状態は写真でしか見せられないんですけれど。火が消えて灰になった状態になって子どもたちが掘り返すのです。この状態になったら煙もそれほど出ないので、苦情はありません。常に先手、先手を打ってという感じです。

10年前から増えてきた住民からの苦情

小野田　市口先生なりに路上駐車について、太鼓の音とかに、かなり近隣住民に気をつけなければいけないと感じたのは何年ぐらい前からですか。

市口　10年ぐらい前からでしょうか。特に路上駐車についての苦情は急激に増えたような気がします。公立の保育所は立地条件が悪いし、府からは補助金が出ません。一方で私立はどんどんよくなっていて、「私立は駐車場があるやないか、何で公立はできへんのや」というお叱りを受けています。お金のない公立なのでそれが一番大きいですね。

小野田　それは送り迎えのときに、お子さんを自転車に乗せてきたりとか、手をつないで歩いてきたりというのが10年ぐらい前までは主流だったのに、車に乗せてくるようになったことと関係しますか。

市口　関係します。たぶん就労の問題もあって、お母さん方に時間がないのだと思います。昔は手をつないで来られるくらいのゆったりした就労状況だったのだと思います。でも、いまはもう歩いて来られる方なんていません。みんな車で子どもをパッと置いて、パッと帰っていく。こんな田舎でもそうです。

小野田　10年ぐらい前まではお母さん達にも余裕があった。だから自転車で来たり、一緒に歩いて来たりした。でもその後すぐに自分が職場に向かわなければならず、それが遠くなっている可能性も相当あるだろうと。だから車で送り迎えするようになった。産業構造や就労状況の変化なども大きく関係していそうですね。

市口　子どもの数は減っていますけれど、乳児の入所希望が多く、待機児が増えているんです。お母さんの子育てのしんどさもあるでしょうね。子どもを預けて自分も働きたいという方が増えています。そういったさまざまな社会現象の影響が大きいかなと思います。

高校生の自転車通学をめぐる問題

小野田　渡邊先生の府立阪南高校ではいかがでしょうか。

渡邊　阪南高校は今年で創立55周年を迎えますが、創立当時の写真を見ると、周りは畑ばかりで何もないですね。ところが、地下鉄御堂筋線が「あびこ」まで延長されて、さらに「なかもず」までつながると、周辺にどんどん住宅地ができて、府立高校もいろんなところにつくられた。建物はつくってもアクセス道路については関与しないので、郊外の学校などは車がガンガン通るところを自転車で通学するので、クレームがすごいという話です。うちも「あびこ」の駅から徒歩7分ぐらいの所にあって便利なのですが、やはり経済状態の関係からか、1000人の生徒のうち8割は自転車通学です。8時30分から職員朝礼があって25分までは校門前に立っているんですが、20分過ぎから35分の間にドーッと来ますね。特に苅田《かりた》南小学校とあびこ南中学校と阪南高校と3つの学校の生徒が通ってくる変形三叉路《さんさろ》になっているところは、いつもボランティアの〝見守り隊〟の方々が旗を持って小学生が道路を渡るのをサポートされているんですが、すごいスピードで北上していく車があって危険やなぁとハラハラしています。

この自転車通学の問題が一番大きいのですが、先日、足をケガされているおばあさんが松葉杖《まつばづえ》をついて歩道を歩いて行かれたのです。前の日はおじいさんも一緒に歩道を通っておられたのですが、その日は大量の自転車が来るときに道端から１ｍぐらいのところを歩いておられたのです。実は、学校の反対側には歩道があるのですが、学校側には歩道はなく、そこを松葉杖をついて歩いて行かれているので、これはまずいな、反対側の歩道に行ってくださいとも言えないし、どうしたらいいものかと思っていたところ、うちの生徒の自転車がぶつかって、救急車で運ばれることになりました。ケガをさせたのは大変でしたが、生徒が最高級の自転車保険に入っていたので、その後の補償を含めてなんとか対処できてホッとしました。わずか15分か20分ですが、この時間帯は苦しいよなぁと思うのです。

それから騒音問題ですけれど、うちには広大な自転車置き場があるのです。昔はちゃんと屋根がついていたんですが、十数年前になくなっているんです。なぜかというと、夜間に風でトタン屋根がバタバタいってうるさいと、近隣から文句が出たので取ってしまったのです。大阪市の建築申請というのはすごく時間がかかるので、一度取ってしまうと「次はつけられませんよ」と市から言われたにもかかわらず。私が赴任《ふにん》するずっと前の話ですが。

小野田　次につけるにはまた建築申請をしなければいけないんですか。

渡邊　はい。いまだったらカーボンのアクリルボードみたいな材質になるのでしょうけどね。保護者からは自転車がいたみやすいから屋根をつけてくれとだいぶクレームをいただいています。雨だけでなく日差しでもいたみますからね。それから、これも騒音問題なのですが、阪南高校の敷地の外れにJRの貨物線が通っていまして、その向こう側にも阪南高校の敷地があったのです。これも私が赴任する前の話ですが、大阪府の用地を無駄に使っているということで売ったらしいのですが、そこに家が建ったんです。そうしたら、そこの住民から陸上部の練習の時のピストルの音がうるさい、犬が吠《ほ》えるということで電話があった。それからは、フルサイズの雷管《らいかん》を半分にして使うようにしたのです。半分にすると相当音が小さくなるんですね。手作業で事前に半分にちぎって缶に入れておいた。ところが、去年の体育祭のときに爆発したのです。幸い教員は眼鏡をしていたので大事には至らず、生徒にも被害はなかったのですが、それからは半分のサイズの雷管を買って使っています。フルサイズのものがいっぱい残っているので半分にして使っていたんですけど、また静電気などで爆発したら大変なことになりますから。

小野田　そのピストルは何という種類のものですか。

渡邊　普通の陸上用のスターターピストルです。確かに音はうるさいですね。

A氏　この頃は電子音でピーンというのがありますね。何か気が抜けるような出発音の。

下校時のマナーに対する執拗なクレーム

渡邊　最近の事例で、小野田先生にご相談させていただいたのは、登校時の自転車の通学マナーとか、交通妨害といったクレームばかりです。毎日学校の周りに立って小学生をサポートされている先ほどの〝見守り隊〟の方々は近所にお住まいなので、一応理解はしていただいているのですが、最近増えてきた集合住宅やワンルームマンションにお住まいの方というのは全然近所づきあいがないのです。そこに住む男性の方から、夜勤明けに帰って来てさあ寝ようかと思うと、お前のところの生徒が下校時間でうるさいということや、もっと遅くにクラブ活動が終わった生徒がワイワイ言いながら近所の店へ行って物を食べて帰るんですが、その音がうるさいということで、何度も執拗《しつよう》なクレームをいただきました。

その件は小野田先生にご相談させていただいて、いまのところ鎮静化していますけれど、まだ時々電話されてきます。電話いただくときはたいてい飲んでいらっしゃるんです。そうすると、飲んだ勢いで正門の所にやってきて文句を言う、その店の前で文句を言う、それからうちの教員ともめる、生徒ともめる、教頭のところでもめる。皆突破されて最終的に私のところへ来た。私のところへ来たときも飲んでいらっしゃったので、素面《しらふ》のときにやりましょうということで、2日後ぐらいの昼にお会いして話を聞きました。そのときも穏やかな態度ではなかったですけれど、部活の生徒には夜8時以降は群がってしゃべるのやめさせますと冷静に話ができました。実際にはそんなに騒いでいるわけではないのです。本人は寝られないということでいらしたのですが、そこから派生して、自転車のマナーが悪い、2人乗りしているじゃないか、近隣のおばあさんやおじいさんが怖がっている、近所の店に生徒が行くときに、なぜ学校の中に自転車を置かせないのか、とだいぶ言われましたね。クラブ帰りの子はみんなその店に寄っていたのですが、文句を言う人がいるからということで寄らなくなって、その店はだんだん経営が苦しくなり、もう店を閉めなあかんかなという状態になっています。

また別の日には、多くの生徒が帰る下校時間の3時半から4時の間の時間帯がうるさいと言われました。私は2階から生徒が集団で帰る様子をずっと写真に撮っていって、それをA４の紙に貼ってみたのです。すると、生徒は三々五々下校して、自転車3台ぐらいが「さよなら」と別れたり、一緒に帰ったりして、４時までかからない間にみんな帰って行くわけですね。この方は警察や教育委員会にも電話されたので、教育委員会に説明することになったのですが、20数枚の写真を見せて、これでもダメでしょうかと相談すると、「これで文句を言われたらどうしたらいいだろうか」ということになりました。結局は誠実な対応をする、話を聞く、ということに尽きるのではないかという気がしています。

保護者のクレーム対応は2時間が勝負

渡邊　まず最初にクレームを受ける教員や教頭は、何の準備もないので、言い訳めいた、あるいは「これぐらいいいじゃないですか」というような対応をしてしまうところがありますよね。そうすると、教頭では話にならんということで校長のところに来る。校長でとりあえず止まっているのはなぜかというと、対応がすごいというより、どういう人かというリサーチをして、対応については小野田先生に相談して、それなりに準備をした上で対応をするので、だいたい校長まで行けば一応は「ちゃんとしてくれよ」というかたちで収まっているのです。

保護者のクレームに対しては、この前も2時間ほど保護者と話しましたが、そのときは次のようなことを念頭に置いているんです。「傾聴、共感、整理、記録、意思確認」「傾聴、共感、整理、記録、意思確認」……。これは教育センターの人権教育のときに「先生方はこういう姿勢をもってください」と言われたことを大事にして話を聴いているのです。教員や教頭は時間がないので、ちょっと口を挟《はさ》んでしまうんですね。でも、1時間以上は黙って話を聴かないと、振り上げた拳《こぶし》は下ろしてもらえないかなと。そういうときに教員が論理的に対応して、「そうおっしゃっても、うちの部活は何時から何時までですから」とかいう話をすると、「うるさい、お前は何言ってるんだ」と余計に火がついてしまうので……。

小野田　口を挟むというのは、早く解決したいと思ってしゃべっちゃうということでしょ。

渡邊　我慢できないんですね。時間のない忙しい中でやっていますから。校長の私が対応する場合は、私の方から「いついつだったらOK」という時間をセットして、小野田先生のご指導もあって、2時間以上は話をしないことにしています。2時間くらい経ったら、事務室とか誰かから電話をもらうようにしたり、午後から出張予定のある午前中に設定したりして、2時間で勝負をつけます。それ以上過ぎると、今度は自分のことで暴走を始められる方がおられるので、だいたいの対応の時間を設定しておきます。

それでも、最近の方は我慢できないですね。この前あった出来事ですが、水曜日に保護者から抗議があって、金曜日の朝10時からだったら、私、時間空いていますからお話を伺いますと言ったのですが、別の来客予定のあった木曜日に来て、私はここで待ちますといって校長室の前に椅子を置いて座り込むのです。来客の方は以前からのご予約で、そうなるとちょっとじっくり話もできないので、申し訳ないのですが金曜日にとお断りしたのですが、またそこでひと悶着《もんちゃく》でしたね。地域連携の催しを何回かすることによって理解はしてもらっているのですが、集合住宅に住まわれている方とか、地元でない遠くから来られている保護者には、なかなかご理解いただけない部分がありますね。学校の権威そのものが低下しているということもあると思います。

学校近隣トラブルには「苦情」より「指摘」が多い

小野田　いまのお話を聞きながら、社会構造の変化の中で就労状況も変わってきたと感じました。生徒達が集中してある時間に来ている状態はほとんど変わらなかったけれど、その周りの人たちの就労状況だとか生活スタイルが相当変わってきた。学校に対する距離感みたいなものもおそらくあるのだろうと。そこで橋本先生、いまのお話をお聞きになっていかがでしょうか。学校と音と声をめぐる問題というかたちで。

橋本　私は近隣トラブル事件なんかを一生懸命調べているのですが、近隣トラブルというのは個人と個人の争いですよね。たいてい個人と個人の争いの場合は、その苦情の対象になるいろんなことがあるんですけれど、それ以前に相手に対する「悪感情」というのを持っている場合がかなり多いのです。ゴミの出し方が悪いだとか何とかって、苦情の言いやすいところで苦情を言っているけれど、そのベースには相手に対する悪感情というものがある。ですから、その対応自体がかなり難しく、どんどんこじれていくと、それが傷害事件だとか殺人事件だとか訴訟にまで発展していくということになるわけですよね。そういうのを見ているので、いま先生方のお話をずっと聞いていて一番思ったのは、個人と個人の近隣トラブルと比べると、学校と近隣のトラブルというのはまだシンプルで、ベースに悪感情というのがあまりないのではないかということです。

市口さんがおっしゃっていたような多くの話というのは、〝苦情〟より〝指摘〟ではないか、どんどんこじれていくような内容のものは少ないのではないかという印象を受けたんですね。ですから、学校の近隣トラブルでエアコンの室外機が裁判になったという事例はあるんですけれど、それ以外で最悪の事例といいますか、ひどくなってくるとどういうことが起こってくるかというのは、少し興味がありますね。

小野田　それは隣人殺人のように生徒を刺してしまうとか、逆に生徒が殺傷事件を起こしてしまうとか。

橋本　殺傷事件ではなくてもよいのですが、そういう損害賠償の訴訟になるような事例というものが出てきていないかというようなことです。指摘の場合は、初期の段階で相手がその指摘をちゃんと理解してくれれば満足するでしょうし、苦情の場合も言ってしまえばそれで気が晴れたとかね、そういう程度のものが結構多いのかなと。

学校に元々何か悪感情を持っているとか、根っこに何か持っているというようなことは少ないような気がします。半分ぐらいは向こうが好意で指摘してくれているという部分もあって、その指摘や苦情に対して、その対応に時間とか労力が取られること自体に何か被害感を持っているためにその相手を嫌うという、それが表に出ていくと向こうもそれを感じて少しこじれてくるという、そういう構図になっているのかなと思いました。

「騒音」問題が「煩音」問題に発展した向日市の事案

小野田　橋本先生に一つここでお聞きしたいのは、京都府向日市《むこう》にある私立高校がエアコン設置をめぐって近隣住民とトラブルになり、防音壁を設置したりしていくのですが、あれなどは悪感情ではないのか、それとも学校側の対応の仕方が悪いから途中から悪感情に変化したのか。あの事案をどんなふうに見ておられますか。

橋本　あの事案については取材をしていないのではっきりしたことは言えないんですけれど、判決書きをずっと読んでみて、自分なりに時間的にどういうことがあったかを整理してみたんですね。そうするとやっぱりどう見ても学校側の対応のまずさがあると思います。このケースは、さっき僕が言ったように、根っこに悪い感情があって、言いやすいところへポッと苦情を言うというパターンとは違うんですよね。単に新しくつくったエアコンの室外機がうるさいから何とかしてくれないかという文句を言っていた。最初はあくまで「騒音問題」（音の大きさをめぐるトラブル）だったんです。

ところが、それに対する苦情の対応が悪くて、「煩音《はんおん》問題」（心理的に不快を感じる音のトラブル）になってしまったわけですね。学校側は９００万ぐらいのお金をかけて防音壁をつくって騒音対策をやっているのですが、いったん煩音問題になってしまったら、その後はどれだけ騒音対策をしても意味がない。それどころか、「さあ、騒音対策をしてやったぞ、満足したか」という対応をすると、もうこれは火に油ですよね。

だから騒音対策と煩音対策というのをきちんと見極めないといけない。個人同士の近隣トラブルの場合は、煩音問題が騒音問題のかたちを借りて苦情を言ってくるという場合があるんですが、学校の場合は元々が騒音問題なんです。ですから、それがこじれるのは、ほとんどが対応が悪くて騒音問題を煩音問題に変えてしまうのです。学校側が変えてしまうというか、苦情を言われた側が変えてしまったというようなパターンだと思いますけどね。

向日市のはその典型的な事例で、室外機の騒音が規制値を超えているかということよりも、苦情に対してどういう対策をして、どういう心情になったかということを追及していく方が、いろいろと事例としては意味が出てくるんだろうと思いますね。

小野田　だから、騒音と煩音ではステージが違うんだけど、ステージを変えさせたのは学校側がほとんどであり、もう煩音というステージに上がっているのに、学校は騒音だと思って一生懸命対応しようとするから、いつまで経ってもそれが通じず、違うツボを押さえ続けている、そういう意味ですよね。

橋本　そういうことですね。あの京都府向日市の事案では騒音対策を4回やっているんですけど、学校側は自分たちが被害者だという意識が、4回の対策をやっているごとにどんどんステップアップしていっているわけですよ。だから、最後は何か裁判で決着をつけておしまいにするより仕方がないところまでいってしまった。

騒音計での測定は相手の神経を逆なでする

小野田　騒音規制法で規制されている50デシベルを基準にしながらやっているんだけれど、ちょっと超えた時も低い時もある。結局、計って計ってどうかと議論する、そのやり方自体も完全に間違っているんですね。

橋本　そういうことですね。普通の学校などで苦情が来て、そういう基準にオーバーしているのではないかというような時には、まず騒音計を持ってきて計ろうとするんですよね。しかし、騒音計で計ること自体が煩音対策の逆を行っていると思います。計るにしても「これから対策をさせていただくために、そのデータを取るために計るんですよ」というような、きちっとした説明をすればいいのですが、「じゃあ本当にそれだけの音量があるか計ってみましょう」と言ったら、向こうは反論の準備をしているんだなとか、納得していないとか、こっちバカにしているんだなとか、そういう印象になってしまいますよね。ですから、相手の細かい心理みたいなものを推し量ってなるべく信頼関係をつくっていくというのが煩音対策で、学校というのは問題自体はシンプルだと思いますので、そういうことで結構うまく解決するんじゃないかなという印象をお話を聞いていて持ちました。

小野田　橋本先生のご著書からの引用になりますが、まさしく半心半技（「心の問題が半分、技術的な問題が半分」という意味）になりますね。

橋本　そう、半心半技なんですよ。先ほどの市口さんのお話を聞いていてちょっと思ったのは、解決とかに直接関係はないのですが、太鼓です。太鼓というのがやっぱり気になるんだろうなと思いましたね。私の方でアンケートをやったときでも、太鼓というのは心臓に悪いからやめてくれとか、そういう苦情が結構多いのです。太鼓というのは衝撃音ですよね。ピストルのドンっていうのも衝撃音ですし、私が専門で取り組んできたマンションの床衝撃音もそうです。衝撃音というのは普通の音の中では別格なのかなという印象を持ちました。音楽だとか子どもたちが騒いでいる声というのは定常的《ていじょう》に来ているわけですよね。それと衝撃音というのはやはりだいぶ受け手側で違うのかなと、お話を聞いていて感じたところです。

何かあるとちょっかいを出す大阪人特有の個性

市口　私の話に関して言えば、地域性がやっぱりあるんですね。集合団地のところでそういうトラブルがあったんですけど、のどかなところだったら「だんだん太鼓が上手になってきたね」とか言ってくれる人もいるので、それが地域との付き合い方かなと思うんですけれど。

橋本　大阪特有の反応というのも結構あるなと思いました。何かあるとすぐ声をかけてちょっかいを出すというんですかね。いわば県民性みたいなものもいままで寄せられた中にあるのかなと。そうすると、それは本当に苦情だろうか、単なる指摘だとか、向こうの気持ちを表明しているだけで、本当にそれは苦情に入るのかなと、少し疑問に思いました。

市口　私たちはいままでそういうクレームを言ってこられることが一切なくて、近所の方にもご理解いただいていると思っていたところ、駐車場のことから始まっていろんなことがダイレクトに入ってくるようになったので、「苦情」と捉《とら》えていたんですけど、それは「指摘」だったのですね。地域の保育所だから、言われたことは必ず対応しないといけない、丁重に対応しないといけないということでやっているのですが、保護者の要求がどんどん強くなってくることもあって、「保育所ではこうしてるんです」というところを見せないと、どんどんその人の言うなりになってしまう面もあるんです。やはり、どこかで一線は引いておかないという気持ちが出てしまうんですね。

橋本 クレームの質の違いを見分けることは難しいし、なかなか言われたときにはわからないですね。

市口 そうですね、そこの見極めが難しい。「保育所としてはこういうふうに対応させてもらっているんです」って先に言ってしまうところがあるので、そこでカチンとくる保護者の方もいらっしゃるだろうなと思って、いまちょっと気をつけないといけないなと思いました。

渡邊 苦情に変わるところというのは、保護者にしても地域の方にしても、同じじゃないんですよね。高校の場合は、電話が事務室から教頭のところに入るんですけど、保護者の場合は担任に対する批判であったり、学校に対する批判であったりするから、判断できないところがありますね。例えば、クラブ活動をやっているときの地域からのクレームは、顧問に直接来たりするので、とりあえず、そのときに対応する人間が余裕を持って対応できればいいのですが、余裕がない時代になってきましたので、それは教頭に言ってくれということになります。しかし、教頭は校長を出せと言われて出せない。それで何で隠すのかなどとなって、違う意味での問題になってくるんですね。

学校側が「指摘」を「苦情」に押し上げている

小野田 いまの話は、保護者対応トラブルと近隣トラブルとの違いは何かということになります。保護者対応トラブルが全国的に大きな問題となっていて、その対応のしんどさがあるものだから、そこに近隣トラブルが入ってくると、ほぼイコールの問題として受け止めてしまう。ところが、本当は苦情ではなくて指摘、「ちょっとあんた、こういうの、気をつけた方がええで」というレベルの指摘が、いきなり苦情というかたちで応答されるから、「クレーマーか、俺は!」と、多分そうなってしまう。対保護者トラブルというのは、いろんなケースがあるんですが、近隣トラブルというのはもう少しステージが違うところに元々存在しているはずなのに、いきなり苦情レベルまで押し上げられてしまっている。学校側の受け手として姿勢と感覚みたいなものがかなりあるかもしれません。

A氏　それを言われると、こちらの対応もまずかったのかなあといま思いました。指摘されたのに構えてしまっているというか、構え過ぎてクレーマーだという対応の仕方をしてしまったかなあと。先ほどの登校途中の問題も、あれは指摘だったのかなと。ある意味でにこちらが過剰反応をしているのかもしれないですね。

渡邊　若いときに郊外の学校に勤務していましたが、駅からの道がすごく細いんです。そこを車で行くのに学校へやってくる生徒のせいで通れないという電話が30年前もありました。そのときの生徒指導部長が「誰やお前は?」「名前を言え!」とか言ってワアーッと反論したんです。次の日もまた電話があって、私がたまたま取ったんですが、「何でお前のところの生徒は……」と言われたときに、「いやあ、ホンマ、すんません。我々も注意しているんですけど、いまどきの高校生、言うこと聞かんのですわ」と言ったら、「なかなか先生も大変ですな」といってその場で終わってしまった。生徒指導部長などは責任があるから、ワアーッと反論していると思いますが、責任がないから適当なことが言えたんですよ。それぐらいのかわし方でもいいんですよね。

橋本　渡邊先生の対応というのは、私はまさに煩音対応なんだろうなと思いました。その他の方というのは、やっぱり苦情を言われたときに、被害者意識を持つんですよね。被害者意識を持たなければ、「ああ、すみませんね」「ごめんなさいね」と素直に言えるんですけど、被害者意識を持つと、その言葉さえ言えないということになってしまうわけですよね。

心理的事実への謝罪は法的に問題なし

A氏　最近は「謝るな」ということをよく言われるんですね。

渡邊　法律的に「謝るな」というのがあるんですよ。

A氏　だから、「悪かったら謝ったら良いだろう」と言うと、「そんなこと言っていいんですか」という。

渡邊　私が職員会議で言っているのは、とりあえず「言うていただいてありがとうございます」「そういう気持ちにさせて申し訳ない」というのは言ってもいい。ただ、その事件に対して謝る必要はない。すみませんとか、ありがとうという言葉はそういう意味もあるから、「ご指摘いただいてありがとうございます」「何かお気に障《さわ》ったみたいで申し訳ありません」ぐらいは言ってもいいいん違うかという話はしているんですけど。

小野田　それは心理的事実に謝罪するというやり方ですね。そういう嫌な気持ちになった人がいることは事実だから、そういう気持ちにさせたのは申し訳ありませんと。だから、そういう表現の仕方は、全然こちらの非を認めているわけではないと、私もずっと言い続けてきたのです。

渡邊　法的に謝ったら負けや、謝ったらあかんで、みたいなことはよく言われましたよね。

小野田　かなりそれが通ってしまっているんですね。交通事故みたいなね。そうじゃないんですよね。そういう気持ちにさせて申し訳ありませんと、辛《つら》い気持ちになられたんですねと言うのは全然問題ない。そうすると、実に不幸なのは、一昨年の10月に、81歳のおばあちゃんが昼休みに高校に乗り込んできて、ハンドボールのゴールネットに灯油を撒《ま》いて火をつけてしまったという大阪の私立高校での事件です。実は、たまたまその1年前に私はその学校に講演に行っているんですよ。そのときに近隣トラブルがあるということは聞かされていて、おばあちゃんが再三にわたって苦情を言ってくると、サッカーボールを蹴《け》る音がうるさいとか、野球のかけ声がうるさいとか、苦情を言ってこられるというふうなことでした。私は、一度や二度はきちっと話を聞いたほうがいいですよと言ったのですが、結局そのような現行犯逮捕されるという事態にまでなってしまった。だから、そのケースも、そこまでエスカレートさせてしまった学校側の対応の問題も相当あるでしょうね。

誠意ある対応が解決につながる

橋本　本にも書いた事例ですが、いまのと少し近いと思うんですけれど、新しい建物をつくったときに、その隣の家に元々住んでいたおばあちゃんから、何か建物ができてから、すごいブーンという音が聞こえて、夜寝られないから何とかしてくれという苦情があったんです。相談を受けて騒音計を持って行ったんですけれど、何も聞こえないんですよ、音なんか。おばあちゃんはこの音ですよって言うんですけど、こっちは何も聞こえませんから、おばあちゃんの耳鳴りじゃないかと思ったんですけれど、建物ができてから聞こえるようになったと言うんです。そこで、おばあちゃんのところの窓から見える建物側の所に、大きいカバーをつけておきますからと言って、カバーをつけたんです。そうしたら、苦情はなくなって、おばあちゃんもよく寝られるようになったというので、ものすごく感謝してもらった。カバーをつけたというのは、騒音対策をやったわけではないんですよね。

それこそまさに、ちゃんと誠意を持って対応し、おばあちゃんも、向こうの誠意を感じたということが一つの対策になったということです。いまのゴールネットに灯油を撒いたおばあちゃんの例は、ものすごくかわいそうな対応をして、おばあちゃんをそこまで追いやってしまったということで、やっぱり学校側の対応のまずさがあったのではないかという気がしますけどね。

小野田　騒音問題を煩音問題と理解した上で、どう接していくかということになりますね。

発生源がはっきりしないのに音が聞こえる

A氏　いまお話を聞いていて思い出した事例があります。わが校の立地条件は京都の中心地域ですから、よその学校に比べればはるかに近隣住民の方は少ないのです。それも風致地区ですので、高層マンションなんかつくれない、古くから住んでいらっしゃる方がほとんどでして、単身者用のマンションがあるぐらいというところです。我々の学校は100年以上の歴史があって、我々が一番古いんだぞという、何もいばっているわけではないですけれど、そういう状況です。大きな敷地は取れない中、テニスコートだったら、5、6面しか取れないような場所で、球技大会、体育祭だとかを、1500名の中高生全員がその狭いところでもみくちゃになりながらやっています。大音量をスピーカーで流しながらやっていても、実は文句を言われた覚えというのはあまりありませんでした。

実は新校舎建設がいよいよ始まりますので、去年の暮れから近隣住民との説明会に入っているんです。ものすごく苦情を言われるかと思って身構えて行きましたら、近隣住民の方は10数名しか来られず、ホッとしたのですが、その中に、夜の10時11時にいつもエアコンの音か何かわからないがうるさいと言って門衛さんを訪ねて来られる年配の方がおられました。門衛さんは気になるというエアコンのところにお連れして、エアコン切ってありますねと、あるいはトイレついていないですねと、一つひとつ丁寧に確認したのですが、でも気になるということで、市役所の方に頼んで騒音調査をしていただいたりしました。何度となくそういうことをおっしゃってきている、その方が説明会にいらっしゃって、真ん中に座られたのです。

緊張しながら、こういう建物を次からこんなふうに建て直しますと、大学と共同で説明をしましたら、「ここに駐車場ができたらどうなりますか」と質問されて、それはいまから個別に対応させていただきたいと言うと、「わかりました」と言って途中でスッと帰られました。あいさつの中で「いつもご迷惑をおかけしています。運動会がうるさかったり、クラブ、登下校時の騒音でも申し訳ない……」と申しました。関係者に聞きましたところ、「いいえ、私は日中の生徒さん達の歓声はあまり気になりません」とおっしゃっていたとのこと。やっぱり、夜中のブーンという振動音なのかどうなのかわかりませんが、我々の耳にはわからないようなものが気になっていらっしゃって、その発生源がひょっとしたら学校だというふうに思っていらっしゃるのかなあと思いました。

橋本　学校から出ている音だと思い込んでいらっしゃる。でも音源は全然ないということなんですよね。

A氏　実験棟を大学が持っていますので、完全に冷暖房を切ってしまうことのできない場所があることは事実なんですね。ただそこを実際に調べてみても、音というか、騒音と言われるようなものは出てない。だからまさに振動なのかなあというふうにも思うんですけれども。少なくとも中高の範囲内で言えば、夜中にまでそんなことをしておく必要はまったくありませんので、エアコンはすべて切りました。そしてこのようなことがあってからは、念には念を入れてすべてのところを確認しているのですが、それでも、この方向から聞こえるとかおっしゃるので、何なんだろうなと思っています。

「不思議音」の原因究明も一つの対策

橋本　その音が本当に学校から出ていないのか、あるいはいまおっしゃったように、振動はしていて、その振動でどこからか音が出ているとか、そういうことがあるのかもしれません。音響の分野では、そういう何だか原因がわからないけれど何か音がしているみたいなのを「不思議音」というのですが、そういうのをやっぱり探して、はっきりさせないとどうしようもないですよね。そういう場合はきちっと原因究明してくれるところなんかに依頼をして、はっきりさせるというのも一つの方法だと思いますけれどね。

小野田　そういう業者さんもあってやってくれたりするんですか。

橋本　音響コンサルなんかでやってくれるところもありますけれど、ただし、そういう問題というのはかなり技術がいりますから、何十万円かはかかると思いますね。でも音源をいっぺん探してみるという作業をやって、結果として見つからなかったとしても、「探してみたんですけれど見つかりませんでした」というのと、「それはうちの音とは違うんじゃないですか」という対応をするのでは、やっぱり違うと思いますね。

小野田　仮に何十万円かけてもやることの方がひょっとしたら意味があるかもしれない。

橋本　日中の子どもの声は好きだというような人で、言いがかりばっかり言ってくる人ではないようですから、意外とそこまでやってくれたとしたら、音は聞こえていても、納得されるんじゃないかなという気はします。

騒音対策と煩音対策は一体で実施する

小野田　近隣の人たちとうまくやっていく、共存していくための知恵と工夫について橋本先生にお聞きしたいのですが、学校へのアドバイスも含めて何かございませんか。

橋本　私は音のことしかよくわかりませんけれども、音の問題で出てくるのは、純粋な騒音問題というのは実はかなり少ないのではないかということです。ほとんどが半心半技という話をしましたけれど、煩音の様相を必ず持っているということですから、私はどんな場合でも煩音対策が大事だと思うんですね。ですから、まずは煩音対策をやること。どうしても防音対策をやらないといけないという状況もあると思いますけれど、せっかく費用と労力かけても騒音対策だけではその効果は少ないということで、煩音対策と必ず一緒に込みでやる、一体で実施するというのが大事なんだろうと思いますね。

私が一番思うのは、個人的な事情です。いろんな話の中にも出てきましたけれども、夜勤をやっていて昼間に寝ないといけないとか、ちょっと体が病弱なので静かな環境がほしいとか、そういう個人的な事情にどこまで対応するかということを考えた場合も、やっぱり騒音対策では限界がありますから、とりあえず煩音で対応するということが一番だと思いますね。

苦情に対する煩音対策のロールプレイ

小野田　例えばそういう病気あるいは夜勤の方に対して、学校側は煩音対策としてどういうかたちで誠意や心を見せたらよいのか、もう少し具体的にお願いできますか。

橋本　やっぱりその方のところに行って直接お話をするということでしょうね、嫌がらないで。私はアメリカの「近隣トラブル解決センター」へ視察に行ってきたんですけれど、そこで重要なのはやっぱりロールプレイでした。そのトレーニングをずっとやるということなんですよね。条件を設定して、トラブルになったときの仲裁者としてのロールプレイを全部やるわけです。学校の対応の中で、近隣から苦情が来たときに、その煩音対策をどうするかというようなロールプレイをできるだけやられた方がいいんじゃないかなということです。

常々思っていることですが、学校の先生というのはそういう煩音対応などというのは一番苦手な人種ではないでしょうか。ですから、こういう人たちが、地域の孤立した高齢者の方のところへ行って、ちょっと話し相手になってあげて、信頼関係をつくるようなロールプレイをやってもいいのではないかという気がするんです。ただし、言いがかり的に何でも言ってくるという、煩音対応をやってもまったく相手に響かないような、そういう苦情に関しては、別の方法を考える必要がありますが。そういう線引きをきちっとした上で、やっぱり煩音対策を一番優先に考えるのが大事だと思うんです。

実は今回の座談会に合わせて、学校対応マニュアルというものをいくつか見てきたんですけれど、一つパッと目についたのが、例えば苦情が来たときに、打ち合わせのときは必ず相手よりも大人数で会議をするとか書いてあることです。これなんかは全然逆じゃないかと思うんです。その考え方自体がもう煩音対応とは逆の考え方になっていますから……。

小野田　威圧的だということですよね。

橋本　勝ち負けに特化してしまって、その関係を改善するという意識でものを考えていないということですね。勝つか負けるかで物事を考えて対処しているということですから、それで負けるとどっちにしたって被害者意識をもってしまう。相手を嫌わない、あまり勝ち負けを意識しないというようなのが大事だと思うんですね。

苦情を受ける教員に心の余裕があるか

渡邊　それがなかなか難しいんですね。これだけ学校が叩かれていると、またかと思ってしまうんですよ。特に大阪の場合は公立校はもう存在価値を失いつつあるので、教員が自信を失っているというか。やっぱり教員の心情をモチベーションアップさせないと、余裕をもって関係改善に努めましょうといったところでなかなか難しいかもしれませんね。どこが窓口になるかというのもよくわからないんですよね。

小野田　保護者対応トラブルというのは、担任以外では基本的に生徒指導と教頭が一つの窓口になりますが、近隣トラブルのときにはどこがまず最初の受け手になりますか。

A氏　本校はもうほとんど事務室ですね。そして事務室経由であったとしても、生活指導の方に行き、場合によっては教頭に行き、そして最終的に校長というルートですね。生徒がかかわる登下校時の問題は直接生活指導の方にポーンと入って、同じルートですね。いわゆる音だとか、砂ぼこりとかというような問題は100%事務室に入り、対応の中心は事務長ですね。

橋本　私のところで、学校に対して騒音トラブルのアンケートをちょっとやったことがあったんですけれど、戻ってきたデータを見ていましたら、苦情に対応される方は誰ですかという質問に全員が「教頭」と書いてありましたね。だから教頭先生は大変だなと思って見ていました。

渡邊　教頭先生の対応によってもだいぶ変わるんですよ。ある学校では教頭先生の対応がまずくて問題化したケースもあったと聞いていますから。先ほど橋本先生がおっしゃった煩音対策のロールプレイというのは、教頭研修などでやるのがいいのかなと思いましたね。もちろん校長も必要だと思いますけれど。クレーム対応の全部をする前に、まず一番典型的な例として騒音と煩音は違うんだというところから入って、それを応用して、クレームと指摘とは違うというところにもっていけば話がよくわかるなあと、今回お話を伺っていて思いましたね。

橋本　私は馬鹿の一つ覚えみたいに煩音対策、煩音対策と言っているんですけれど、今日ここでいろいろとお話を伺って、その煩音対策ができるかどうかというのも、苦情を受ける学校側にどれだけ余裕があるかということが一番大きいし、そのベースが解決されないと煩音対策ができる環境にならないのではないかと思いました。学校現場のそういう教員の先生方の心の余裕みたいなものをきちっと持てるような体制がやっぱり絶対に必要だなと痛感しました。

小野田　長時間ありがとうございました。

（2013（平成25）年2月10日　大阪大学人間科学部講義室にて）

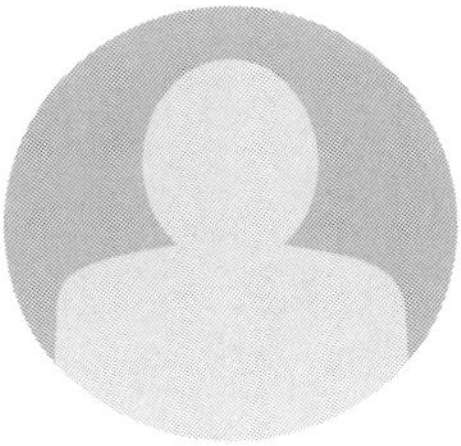

[プロフィール]

A氏

関西の私立中高等学校校長（『季刊教育法』176号掲載時）。

[プロフィール]

市口 実奈子
（いちぐち みなこ）
大阪府阪南市福祉部こども家庭課（『季刊教育法』176号掲載時掲載時）。現在は、阪南市立石田保育所所長。子どもの育ちと保護者の子育てを支えるべく日々保育に取り組んでいる。

[プロフィール]

渡邊 和也
（わたなべ かずや）
公立高等学校校長（『季刊教育法』176号掲載時掲載時）。現在は大阪府立高石高等学校長。海岸線に近い高校で、「てんでに」逃げる避難訓練に取り組んでいる。

[プロフィール]

橋本 典久
（はしもと のりひさ）
八戸工業大学・大学院教授。騒音問題を防音対策などの技術的な問題として捉えるのではなく、当事者の心理や社会の変化なども含めて総合的に考えることの必要性を啓発している。

02

座談会

カラーリングあふれる時代の学校の頭髪指導

―生徒はなぜ髪を染め、教師はなぜ指導を行うのか―

× 青山 直城
大阪青山大学学生

× 石丸 俊枝
中高校生の子どもを持つ母親

× 木田 哲生
公立中学校教諭

× 笑福亭 竹林
落語家

× 仲尾 久美
公立高等学校教諭

頭髪指導とのかかわりについて

小野田　いまはコンビニでも量販店でも年齢認証などなしに染毛剤はいくらでも買えますし、あっという間に髪の毛を変化させることが可能な時代でもあります。なにより街でも雑誌でもテレビでも（NHKも含め）茶髪タレントがあふれている時代です。そして、小学校まではほとんどスルー（見過ごし）されているにもかかわらず、中学校や高校ではハードルがやたらと高くなります。就職には不利だと言われてきましたが、10年ほど前から幾分緩和されてきて、最近では大目に見られるところもあるようです。「カラーリング」「おしゃれ染め」などというソフトな言葉も日常的に使われるようになりました。

しかし、学校の教職員の立場に立ってみると、荒れる生徒たちやすさんだ子どもたちの気持ちを前にして、なんとか平穏な学校や学級を取り戻したい、それが他の子どもたちのためであると願いながら、ギリギリの模索を続けていることも確かです。学校の評判を含めた地域からの要請もあります。

かつてよく言われた「服装や髪型の乱れは心の乱れ」という見方よりは、「そこに現れた子どもたちの心の叫び」をどうくみとっていくかが教職員には求められています。30年前のパーマ、20年前の金髪などと比べて、10年前からの頭髪指導は、社会の中で許容範囲が広がっているだけに、これまでとは違う難しさを抱えているように思います。

今日お集まりいただいた皆さんは、お立場がさまざまなんですね。いまの学校（中・高）の頭髪指導について思うことを、それぞれのお立場からお話しいただければと思います。まずは自己紹介がてら一言ずつお願いします。

仲尾　大阪府立桜塚高校の夜間定時制で数学を教えています。その前にいた二つの高校はいわゆる〝進路多様校〟で、生徒指導に力を注いでいました。最初の学校に新任で入ったら生徒指導部に自動的に配属されて、なり手がないので一度入ったら抜けられず、生指畑《せいしばた》でずっとやってきました。最前線で生徒たちと対し、それなりにバリバリやってきたつもりです。全日制が長かったので、違うところにも行きたいなと思って定時制に異動しましたが、いまの学校は基本的に自由で、例えば車やバイクでの通学も事情があれば可能ですし、頭髪にも服装にも規定がありません。いままでものすごくしんどかった数々の指導から突然解放されたという感じです。

笑福亭竹林《ちくりん》（以下、竹林）　子どものことが一番よくわかっているおとなやと豪語しています。それが許されなければ、世間のおとなが知らない、あるいは忘れてしまった子どもとの接し方を知っているおとなだと言わしていただいてもいいです。その礎《いしずえ》となっているのは誰にも負けないぐらい子どもを抱いたという自信と遊んだという実績、長年子ども会の世話をさせていただいて、大勢の子どもさんを見てきているということです。結論を先に言うと、子どもは叱ったらあかんというのが僕の主義です。世間は叱らないかんようになってしまった子どもだけを見て、叱らないかんやろ、ときには諭《さと》さないかんやろみたいなことを言っているけれど、じゃあどうしたら叱らなくてもいい子になるねんって、そういう話やったら俺に聞けと思っています（笑）。

木田　堺市立三原台中学校の教員で木田哲生といいます。三原台中学校で6年前より生徒指導主事を担当しています。24歳で生徒指導主事になったので、教育委員会の方にそんな若い奴は日本で初めてやと言われてスタートしました。

当時、本校は大きな荒れを迎えており、必死に手探りで進む毎日でした。頭髪指導は古くて新しい問題です。冒頭での小野田先生のご指摘のように、昨今では、ただの荒れから髪を染めるのではなく、オシャレや家庭環境の影響も大きい。染色の方法や色の種類も豊富で、また地域社会での染めることへの認識の変化や、さまざまな国のルーツを持った子どもたちが通う中では、頭髪指導は一筋縄ではいきません。日々格闘しています(笑)。

高校との頭髪指導をめぐるトラブル

石丸　うちには子どもが3人おりまして、真ん中のお姉ちゃんが高校2年生のときに、頭髪指導の問題でちょっと高校とトラブルになりました。うちの子は髪の毛がもともと金髪に近い色なんです。小学校、中学校のときは、体質なんですということで、本人もあまり自分自身の生い立ちなどは話したくないので、わざと髪の毛を黒に染めたりとかして、だましだましやってきたのですが、高校ではそれが通用しなくなって、トラブルになりました。

うちの子どもにも言い分があったり、学校の方にも言い分があったりで、話がこじれてしまいまして、弁護士に相談に行くような状態にまで追い詰められて、インターネットで小野田先生のことを知り、藁《わら》にもすがる思いでメールを送りました。「先生、助けてください。こういう状況で私も子どもも追い詰められています。子どもは精神的にダメージを受けていて、いまは自殺なども結構多かったりして親としては心配なのですが、こういう場合どうしたらいいですか」とメールで相談したところ、すぐに返事をいただけまして、「私が仲介に入りましょう」ということで、学校側と親側の間に入ってくださいました。

話し合いの場では、頭髪の問題からどんどん家族の個人的なことというか、過去に遡《さかのぼ》ったりして、いろいろと心理的な面でもめたりもしたのですが、小野田先生もいてくださって、そのときは一応穏便に終わりました。しかしやはり溝があるのか、その後も先生側から執拗に言われました。それなりにうまくやってきてはいたのですが、3年生に進級するタイミングで転校させることにしました。そのようなご縁があり、今回は小野田先生がお声をかけてくださったので、いろんなご意見もお伺いしたいなと思って、参加させていただきました。

青山　高校1年生のときに留年を経験し、その中で熱心に向き合ってくださる担任に出逢い、教師を目指そうと思いました。それから、学校の先生をよく見るようになり、「先生とはどうあるべきかな?」と思いながら過ごしていました。そして今回、この座談会に小野田先生のお誘いで参加させていただき、テーマが頭髪指導ということで、私が高校時代に感じた、生徒指導、頭髪指導のやり方への疑問を少しでも話せたらなと思い参加しました。

小野田　これは、私の懇意にしている床屋さんから借りてきたんですけど、ある染毛剤メーカーのカラースケール（色見本）です。これを見ると、実は何色にでも染められるわけではなく、補色関係があるから、必ず地毛（アンダーカラー）と染毛剤の関係で決まってくることがわかります。日本人は真っ黒の3というレベルはほとんどいなくて、いくぶん茶色い4、5というレベルが普通。キャビンアテンダントでもＪＡＬや全日空では3～5のあたりでないといけないけれど、ＬＣＣ航空（格安航空会社）になると、むしろ5～7ぐらいのほうが気楽に乗れるということで好まれたりします。青山くんの髪、今日もいい色合いで来てくれましたが、このカラースケールで言うと、多分11番くらいじゃないですか。

石丸　うちの子の地毛ぐらいですね。

中高での頭髪指導についてどう思うか

小野田　まず竹林さんと石丸さんにお聞きしたいのですが、特に中高になると厳しくなる頭髪指導についてどんなふうに思っていますか。

竹林　僕は、頭髪については基本自由でええやん、染めても構《かま》へんって思うてます。でも、僕の経験から言うと、結構小学校に落語しに行かしてもらうんですが、標準服で座ってくれてる方がこちら側が落ち着くんですよ。先生と落語家には共通点があってお客商売なんですよ。どうやったら、いい高座やいい授業ができるかと言ったら、これはもう、一番はいいお客に恵まれることなんですよ。いい子どもが座ってくれたらいい授業ができるし、いいお客が座ってくれたらいい高座ができる。

それで言うならば、先生が教壇に立ってしゃべろうとしたときに、子どもたちにちょっと悪いけど、髪の毛染めんといてくれる、同じ服着といてくれるって、その方がちょっと落ち着くねん、みたいな約束事はこちらからお願いしてもいいのかなと。その辺りのことって、人間関係で一番大切なところだと思います。お互いに信頼関係を結ぶ上で、「合わす」というんですか、向こうに安心感を与えるということの努力はそれぞれがせないかんわけですから。ちょっとお願いしたいねん……ぐらいの軽いところで。

石丸 私自身は髪の毛について校則があるのはそれはそれで構わないと思うんです。ただ、学校側に日本人は「地毛イコール黒色」という固定観念があって、うちの子なんかそれに悩まされた一人なんです。頭髪検査で「地毛で来なさい」と学校は言うんです。地毛イコール黒のイメージがあるから、うちの子の髪を見て、黒く染めなさいって言うんだけれど、うちの子にすれば「染めたらあかんのと違うの？」って。

普通は髪の毛を茶色に染めるから、直してきなさい、黒に戻してきなさい、地毛にしなさいって言うんですね。だけど、うちの子は先生から茶色に染めていると端《はな》から疑われている状態なので、戻してきなさい、戻してるやんか、違う、黒に戻しなさい、黒に染めなさいという感じで、学校で髪の毛を染めさせられる。色がちょっとでも出てくると、また染めてると言われて上塗り。上塗りで黒に染めるのって結構薬剤がきついんですね。それで髪の毛が荒れて、皮膚が炎症を起こして赤くなって皮膚科に通う。それでも毎週、5日に1回染めないと出てくるので、週末になるたびに髪の毛を染める。黒に染めるんだけど、元々の地毛がそんな色なので、髪の毛を洗うとすぐに出てくるんですね。

最初は学校が黒って言ってるんやからという感じでやっていたけれど、そのうちに私も基本的に染めたらダメなのか、それとも黒色でないとダメなのか、学校の一貫性がどんどん見えなくなってきて、先生に、校則で黒じゃないとダメなんですか、それとも染めたらいけないんですか、どっちですかと問い合わせたことが何度かありました。「いえ、基本地毛でちゃんとしてもらわないと。染めてはいけません」ということだったので、「そういうことであれば、うちは染めません」と言って染めるのをやめたら、うちの子は髪の毛がほとんど茶色になって、金髪に近い色になってきたんです。そうすると、先生がそれに対して、「学校に来るな、帰れ、ちゃんと元に戻してくるまで門から入れない」と。

私のやり方にもまずい点はあったのでしょうが、生い立ちから過去のことまで全部話をしないといけないのかと悩みました。子どものときの写真を持っていっても、このときからずっと染めてるんでしょう、ちょっとこれを見てもダメですねえみたいな感じで言われてしまうのです。じゃあ、どうしたらいいのか、髪の毛をずっと染め続けてもいいのかと聞くと、いや、染めるのは反対です、戻してくださいと言う。何をどうしたらいいのか学校側の指示がわからない。

いまは転校してすごい自由なんですけど、うちの子はトラウマになってしまっていて、転校初日に黒に染め直したんです。でもいまは追い詰められることなく、茶色になっても大丈夫という安心感があります。学校は髪の毛が茶色であったらどうしてダメなのか、茶色であったら何が起こるのかというのかが、私にとってはすごく不思議なところではあります。

茶髪が不利であるという現実

小野田　いまの竹林さん、石丸さんの話を聞いて、まず中学校の木田先生の方から、学校としてそういう指導を入れざるを得ない論理はどこにあるのか。それをしていくことの意味をどういうふうに持たせているかということで、苦労しておられると思いますが。

木田　石丸さんもお子さんも学校の頭髪指導でとても辛い思いをしたことは、現場の人間として心苦しく、考えさせられます。石丸さんがおっしゃるとおり、日本人やから髪の毛は黒が当たり前という考えに疑問を持たずに指導している面もあるかもしれません。

本校でも、髪は染めたらダメ、黒色で、ということを子どもたちに声をかけています。それは、ファッションなどの流行により社会の茶髪などへの意識の変化は確かにあるが、まだまだ多くの保護者や地域の方々が持つ、中学生が茶髪にすることへの考えは変わらないからです。具体的に言えば「髪を染めたら不良だ」「学業に身が入らない」など。それは社会も同じで、茶髪にすることは、進学や就職では少なくとも有利にはならない。このような状況がある限り、子どもを大切に思う立場から、子どもや保護者の方に説得していきます。

ただし、今回の石丸さんのような地毛の問題や、他にも出身の問題などへの配慮はあっていいと考えます。すべての子どもが一律の規則で対応できることはなく、子どもや保護者と信頼関係を結ぶ中で、指導を展開していくことが大切かと。

最近は、髪の毛の色だけではなくて、例えばパーマだったり、エクステンションだったり、また髪につけている大きな飾りとか、髪を括《くく》っているゴムの色とか、問題が複雑化、細分化しています。そんなことまで細かく決めている学校もありますが、そうなってくると、これはあかんというのが一律に決めにくいし、曖昧な部分が出てきて、さらに子どもたちや保護者にも理解されにくいので、やっぱり難しいですね。その部分での指導においても前提となるのは完全ではなくても、ある程度の子どもや保護者の理解です。「それならわかるわ」と子どもが前向きに学校生活を送れることが目標です。

化粧やネイルは対象外の不思議

石丸　そうなんです。学校の指導に一貫性があればこちらも納得できるんです。例えば、学校には校則やルールがあるので、それを守っていかないといけないというのは、イコール社会に出て働くようになったときに、会社だったらクビになるよということだと思うんです。だから、学校側が、校則では髪の色は黒となっているので地毛が茶色の方も黒に染めてもらえますかとか、黒でお願いしますというのであればいいんですけれど、学校では建前上染めてはいけないというふうに言っているから、黒に染めるということも染髪になるのです。なので、学校は「元に戻しなさい」というような曖昧な言い方をするんですよね。

また、うちの子が前にいた高校だけかもしれませんけど、化粧やネイルはＯＫなんです。ものすごいどぎつい化粧をしたり、つけまつげをしたりしててもＯＫなんです。うちの子はどちらかというと面倒くさがりで、爪も短く切っていて、あまり学校へ行くときは化粧とかはしない子なんですけれど、髪がちょっと茶色いだけでダメ、学校に行っても入れません。

竹林　それは規則をつくったとき、ネイルしたり、化粧したりする子のことなんかまったく頭になかったからでしょうね。

小野田　現実の方が先に進んでいて、それについてのルールはない。髪の毛だけがある。

石丸　パーマもいいんです。髪の毛が黒であれば後は何をしてもOKです。

竹林　これでなかったらあかんっていうルールだけが先にあって、それだけ一生懸命。

石丸　そうなんです。だから髪の毛ばっかりに必死になっているんですけれど、それ以外のことに関してはすごく寛容なんです。ブルーのつけまつげをつけてる子がいて、あれはOKなの？　ってうちの子も言っていました。

明確な指導の基準が欲しい

小野田　たぶん中学校と高校でも違うし、高校によってもずいぶん違うんだろうと思います。こういうカラースケール、基準があるんですけど、学校現場でこういう基準がどうのとか、そういうふうな議論、つまり3でなければいけないとか、5までは許すとか、そういうのは聞いたことがありますか。

仲尾　私のいた学校では、〝元々の髪の毛のままで基本的に手を入れない〟というのがルールだったので、地毛が茶色い子はもちろんそのままにさせますし、黒い子が茶色くしたら元に戻しなさいというふうにしていました。でも、この指導ってものすごく難しいんですよ。

例えば茶髪にした子が黒に染めてきても、それが自然と落ちて今度は赤くなって、余計に目立ってしまうこともあります。何回も何回も黒染めして髪の毛がぼろぼろになっている子に、「少し間をおいてから黒染めしなさい」と指導をしている最中に、「自分は黒染めしたのにどうしてあの子は茶色いままなの？」という不満が他の生徒から出ることも多いです。「地毛が茶色い」と嘘をつく生徒もいます。

頭髪指導は生徒指導面だけでなく人権の観点からもいろんな意見があり、教員間に摩擦が起きることもあります。指導についてのはっきりした基準が欲しくて、いろんな色の毛をそろえたカラースケールを持ってきた同僚もいましたが、私は基本的にあまりそういうのは好きではなくて……。

頭髪指導をめぐる歴史的な変遷

小野田　そういうのを使ってやっている場合もあるし、それも先生方によってだいぶ違うんですね。

私はたぶんこの中で一番長く生きてきていますが、1970年代の後半に全国的に中学、高校での管理主義教育が強くなって、子どもは取り締まる対象として校則を厳しくするというのがあって、パーマの問題もそのときにずいぶん議論されました。当然パーマは禁止というかたちになっているのですが、そのときに「ストレートの黒」というルールが出て、縮《ちぢ》れている子はストレートパーマをかけ直してこいという、そういう指導がいくつかの県でもなされていたわけです。ところが、ストレートパーマって非常にお金がかかるわけですよね。しかもその効果はそれほど長続きしない。それはやっぱりまずいんちゃうかとなって、パーマの問題はだいぶ緩《ゆる》やかになっていきました。それから、金髪の問題が出るようになったのは1990（平成2）年前後だったと思います。

ですから、学校現場からすると、時代の変化の中で本当にどうしたらいいのかという悩みを絶えず抱えていて、いま言われたように、頭髪にはやたら厳しいのに、化粧OK、ネイルOKというような奇妙な現象も起きてしまう。これは関西のある私立高校で教師をやっている教え子から聞いたのですが、そこでは一応爪のチェックがあるんだそうです。それから眉毛《まゆげ》チェック、眉毛を揃《そろ》えたらアウトだそうで、これは聞いてひっくり返りそうになりました。ボーボーの眉毛で来いって、それってどうなのよと思いますが、結局自然なそのままのかたちでというのは昔から、「身体髪膚《しんたいはっぷ》、之《これ》を父母に受く。敢《あ》えて毀傷《きしょう》せざるは、孝《こう》の始めなり（人の身体はすべて父母から恵まれたものであるから、傷つけないようにするのが孝行の始めである）」などと儒教精神で言われたりしています。

でも、人間の体にはそれぞれ本人が持っているコンプレックスもありますよね。やっぱり自分の見栄えをどう考えるかというときに、化粧もしたくなるだろうし、眉毛の太い子はちょっと抜きたくもなるでしょう。ずいぶん学校によって違った指導のやり方があるものだと思いますが、仲尾さん、これまでの教員生活の中でそれなりに歴史的な流れも見てこられたと思うのですが、いかがでしょう。

頭髪と服装の指導が一番しんどい

仲尾　実は今日はあまり来たくなかったんです（笑）。頭髪指導も服装指導も必要だと思って一生懸命やってきましたけれど、おかしいところがあるのはすごくよくわかってるので。

小野田　そのおかしいところって何ですか。

仲尾　すべてにおいて言えるのですが、生徒は大人数の集団ですから、一律にやらざるを得ない部分が学校にはあるんですね。本当は一人と一人で対したいけれど、すべての場合にできるかというとどうしてもできないんですよ。それがこちらとしてもすごくしんどい。一律に指導することの弊害の最も悲劇的な例が、石丸さんの娘さんのお話ではないかと思うんです。本当は一人ひとり見てあげたいし、基準も一人ひとり違うし、指導内容も一人ひとり違えないといけないはずだと思うんです。でもなかなかそれができないし、また、生徒たちの中にも「どうして一緒じゃないの?」という声がすごくあるから、どうしても一律にせざるを得なくて……。

そういう意味で一番しんどいなと思う指導が、頭髪と服装指導、特に頭髪ですよね。服装は着替えればなんとかなりますけれど、頭髪は体のことなので、もともと色も違うし、本当にしんどくて……。「しんどいのにどうしてやらなくちゃいけないのかな」っていう葛藤《かっとう》はずっとありながら、でもやっぱり必要だと思ってやってきました

指導を行うのは〝生徒を守るため〟

小野田　必要だと思う理由は何だったんですか。

仲尾　先ほど竹林さんがおっしゃっていた、〝前に立つ教師として、生徒たちに揃った格好《かっこう》をしていていてほしい〟という感覚は自分自身にはあまりないんです。いま勤めている定時制高校は服装も頭髪もまったく自由で、「そんな格好で歩く?」という服装の子もいますけど、それはまったく嫌ではないんですね。

ただ、いままでいた全日制高校は、年齢も同じ、高校だから学力も同じくらいで、家庭の状況なども似通った子が多くて、本当に均一な層になっていました。すごく特殊な世界だと思うんですけれど、

その中でみんな同じ服を着て、〝髪の毛もいじっちゃいけませんよ〟という共通のルールがある。指導が画一的にならざるを得ない部分があって、本当にしんどいんですけれど、それでもやっていたのは、〝生徒を守るため〟という意識があったからです。

小野田　その「生徒を守る」っていうのはどういうことですか。

仲尾　いろんな意味があるんですけれど、いわゆる学校の評判みたいなのが、私にはやっぱりすごく気になっていて……。それはなぜかというと、大阪の公立高校は学力の輪切り状態にあるので、下位の学校の生徒たちは、「あんな学校へ行って……」って言われるんですね。その学校の制服を着て地域を歩くのが嫌だとか、「あの学校しか行かれへんねんな」って言われちゃうとか。だから、その中で生きている生徒は、学校に誇りが持てなくて自分を否定するというのがすごく多かったので、そこを何とかしたいなって思っていました。〝いわゆる世間〟から認めてほしいというのがすごくあったんです。

私が一番最初に勤めた学校は、そこに赴任が決まったときに、当時家庭教師をしていた子のお母さんから「そんなところに決まったの？　かわいそうに」と同情されたんです。いまでも覚えているのですが、「あの学校は窓ガラスが割れて一枚もないらしい、廊下《ろうか》をバイクが走っている、授業中は体育の恐い先生が竹刀《しない》を持って見回っている、女の先生はスカートなんかはいて行けない」と言われました。本当に外からの評判は悪い学校でしたけど、ガラスはあったし、誰もバイクで走っていないし、竹刀の先生だっていなかったし、スカートも毎日はいて行けました（笑）。でも、その学校はそういうふうに地域の人から言われ続けていたんですよね。そんな中で学校に来るんですよ、生徒たちは。「うちの生徒を認めてよ！」という、そんな気持ちが強くありました。

それから、学校の中でも、金髪や短ランにボンタン（変形学生服）のように見た目不良っぽく見える子に対して、「しゃべれない」「恐い」という同級生がいたり、保護者から「あの子たちを何とかしてください」という声があがったりもします。不良っぽく見える子本人も、そういう格好をしていることでちゃんと扱ってもらえない場面が多々あるなぁと感じていました。例えば、自分で主張したいことがあったときに理路整然と丁寧な言葉を使って話せば聞いてもらえるけれど、そこでワアーッと怒鳴り散らしたら誰も聞いてくれないじゃないですか。それとよく似ていて、「認めてもらうために、見た目ももうちょっと何とかしようよ」……そういう指導を入れたいと思っていたんです。

さらに、「服装とか頭髪が乱れている学校には求人を回してもらえない」という噂がまことしやかに囁《ささや》かれていて。これは本当かどうかわからないんですが、企業の方は実際に学校を訪問されますし、どの学校に求人を出すかは企業側の自由です。学校に来たときに雰囲気とかを見られて、ここには出そうとか、ここはやめておこうとかいうことも十分あり得るので、「服装や頭髪の指導をしておかないと、この子たちが不利になる」という危機感も持っていました。何か使命感みたいなプレッシャーが私たちにもあったのです。

また、指導をすることで、ちょっとでも生徒たちが自信を持ってくれたらなぁという思いもありました。茶髪の生徒でも、精神的に落ち着いてくるとそれが収まってくる子も多いし、髪を黒くしてきて、「私、真面目になったでしょう」とわざわざほめてもらいにくる子もいます。茶髪の生徒たちの中にも、「ちゃんとやる子は落ち着いた格好をしているものだ」というような共通認識があって、〝そこから外れている自分〟や〝その中に入れた自分〟という自覚があるんだなと感じる場面も多々ありましたから。

ただ、本来自由であるはずの頭髪や服装を学校で規制するわけですから、生徒たちの反発ももちろんあります。この子にはこの指導は外してあげたほうがいいなと思っても、どうしても一律でやらなくちゃいけなくて、とにかくしんどい、一番やりたくない仕事でしたね。

染めるに至った心の変化に目を向ける

小野田 なぜ学校、教師が頭髪指導をするのかということの整理ですが、やっぱり生徒を守ってあげたいし、そこの中に世間の評判だとか、その後の人生というふうなところを考えてのことですね。でも、そのこと自体が果たして正しいのか悩みながら行っている。

木田先生、中学校は高校のように偏差値で輪切りにされる前の段階で、いろんな生徒がいるというのを含めて、いわゆる地域の学校という側面もあります。生徒指導歴6年の経験の中で、頭髪指導をするのは何のためにと、自分なりに位置づけ、納得させながらやってこられた部分というのはありますか。

木田 やはり、子どものために頭髪指導をするのだと自分に言い聞かせてます。茶髪をするに至った心の変化に目を向け、指導します。「髪は染めてはいけない」と子どもたちは認識しているので、染めるに至った心の変化が重要だと思っています。また頭髪だけでなく、学校にはいろいろなルールがあり、ときには我慢したり、みんなで協力したり、そんなことをしながら自分のやりたいことばかりじゃないよ、というところも教えていかなあかんのかなぁと考えています。

青山　中学校や高校の頃は、先生の指導を見ていると、学校の体面《たいめん》や体裁《ていさい》を守りたいだけなのかという気がしていました。染めたら違反だというのに僕は納得していないんですけど、その説得の仕方が漠然とし過ぎるやろうって思っていました。なんで悪いのかっていうのが全然わからなくて、学校のルールだから染めたらあかんというのはわかるんですけど、染めるとその人が悪くなって、それが学校的によくないっていう先生の話を聞いていると、それはお前らのせい違うんけえと思ってしまうんです。

そんな風になるのは、子どもが悪いんじゃなくて、先生らが投げてるんじゃないのという感じで僕は見てたので。つまり、学校の頭髪指導に意味はあるのかなぁって。

子どもが髪の毛を染める理由はなにか

小野田　30〜40年前、いろんなかたちで学校の管理教育が厳しくなったときに、「服装の乱れは心の乱れ」、よくこんな言い方をされました。例えば、髪の毛にパーマをかけたりすることは、そのこと自体、勉強に身が入らないというような議論がよくされていたのですが、そういうのってどう思いますか。

青山　普通に平気で染めたりする子っているのは、偏見かもしれませんが、確かに勉強に身が入らなくなる子なのかもしれないというのは、周りの友達とかを見てて思ったんですけれど、でも全員が全員そうかと言ったら違うじゃないですか。例えば、北野高校（大阪の公立トップレベルの進学校）とかになってくると、自由な校風で頭髪は全然構わないと言っている事実もあるわけやし、矛盾してるんじゃないのって思っていました。

竹林　ほな、なんで染めるの？

青山　僕は何でも自分でやってみいへんと気が済まないタイプなので、周りの人が何で染めるんかわからんから、大学生になったし、染めたら違反というルールもなくなったので、じゃあ1回、経験で染めてみようっていうことで染めたんですけれど。

竹林　一概には言えないけど、染めたりしてちょっと違う格好してる子らっていうのは、一つにはおとなや先生や社会に対する反発があるのね。それと構ってほしい子がいっぱいおるねん。矛盾してるけど、ちょっと先生に世話をかけたり、悪いことしたりするような子っているのは、ものすごい人懐《ひとなつ》っこいのよ。染めてたり、（世間の言い方で言うと）服装が乱れたりということに、構ってほしいとか、反発などの自己主張やったりするので、実は一つの信号としておとなや先生方は受けとめているところがあって。

憧れのアイドルみたいになりたい

石丸　うちの子のお友達にも染めてる子がいるんですけど、その子は憧《あこが》れのアイドルみたいにしたいからと言って、茶髪にして髪型も巻いてきて、すごく似せるように眉毛やメイクなんかも本を見ながら研究しています。自分の好きなアイドルが可愛いから、私もあんなふうに可愛くしたいって染めているだけの子もいてるんです。特に何か乱れたり、目立ったことをしたりするわけではなく、塾にも行って、学校も毎日ちゃんと遅れずに来る。授業もちゃんと受けてる。門限は夏は7時半、冬は6時、親から暗くなったら外にいてはダメと言われているので、ちゃんとまっすぐ帰る。帰ったらテレビ観たり、そのアイドルのDVD見たりとかしているんですけれど。

小野田　このなぜ染めたいかっていう問題ですが、この間、うちの学生も茶髪にしてきたので、どうしたのって聞いたら、ちょっとイメージチェンジしようかと思ってと。いまはテレビでも雑誌でも茶髪でないタレントはほとんど存在しないかのような有り様で、そうなると流行とも言えるしトレンドですよね。だから、かつては逸脱行動をしたり、突っ張ったり、反抗したり、その気持ちをモヒカン刈りや金髪やパンチパーマで表現していましたが、いまはもうそんなのじゃないと思う。

青山　もう違いますね。ただ単におしゃれの一環として染めたいんだと思います。他の学校の子らもしてるしっていう感じですよ。うちの学校の場合は、先生が色つきのワックスを使っていたとかいうのもあって、お前、それやってて何でやねんってみんな言うてた。

染める行為は子どもの危険信号なのか

竹林　中学校ではね、染めているのは危険信号のことが多いですよね。木田先生、どうですか。僕にはその印象があるんですが。

木田　そうですね。やんちゃといわれる子どもに限らず、普段ほとんど問題行動を起こさない子どもでも染めてくる子は、授業に対して無気力になっていたり、家庭生活が乱れてきていたりと、危険信号の場合が多い。ただ一方で、反抗とかではなく、ファッションや好奇心で染めてくる子どもも出てきています。それこそ雑誌を見てとか、世間の流れでとか、親が染めている子どももたくさんいますしね。小学校からずっと親が染めさせているから、その流れできてるよっていうのもありますし。

竹林　染めたってええやんって言いながら、僕はちょっと危険信号やっていう思いがあって矛盾するんやけど、やっぱりそういう子どもは何か満たされてないねんなって思う。実は、無理な要求をする子はそれまでにおとなから無理な要求をされてるし、我慢のできない子はしなくてもいい我慢をさせられている。これは間違いない。そこのところが大事やと思う。やっぱりおっちゃんとしては、髪の毛染めてる子を見ると心配になる。やっぱり満たされてないんちゃうか、何かで満たされたいんちゃうかって思う。やっぱり中学校レベルで近所を見ていると、そう思うことがすごくあるのね。やっぱりこの子の一つの危険信号としてちょっと心配に思うねん。

小野田　竹林さん、僕と同じ50代ですよね。これって世代的なものもひょっとしたらあるかもしれない。石丸さんはもっと若い世代ですが、いまの危険信号じゃないかという意見についてはどう思いますか。

石丸　私たちが学生のときはそうやったと思います。私は髪の毛を染めたことはないんですけれど、友達とかが染めてちょっと色が変わっているだけで、ちょっと目立つとそれ以降は不良と呼ばれて、あんまり近づいたらダメよみたいな、周りがそういうふうに見てしまう。

でもいまの子どもを見ていても、そんなことは全然ないです。いまは読者モデルとかそういうのもあふれていて、中学校や小学校でモデルをしてる女の子なんかはみんな髪の毛を染めています。お仕事でしてるので先生も何も言いません。だから私たちのときは、竹林さんがおっしゃってたみたいに、やっぱり髪の毛を染めてると何か悪いことをするんじゃないか、何かこう満たされないものがあるんじゃないかというのがあったんですけれど、いまの子どもたちを見ていたら、何かもう髪の毛のカットに行ったり、毎日シャンプーしたりするのとあまり変わらないくらい、日常生活の中に入ってしまっているので、特に何か理由はないんじゃないかなって思うんです。

竹林　実は髪の毛を染めてる子だけが満たされていないのではなくて、僕の感覚で言うと、いまの子どもたちのほとんどは満たされてないし、無理な要求をされてるってずっと思っていて、それを憂《うれ》いているわけです。それは僕らの子どもの頃との比較ではなくて、もっと昔、実は江戸時代の頃は欧米人が驚くぐらい、日本には子ども中心の社会があった。子どもが一番や、弱い者を一番に可愛がらないかんっていう合意が社会にあった。そことの比較で言っていて、自分が子どもに接したことと、世間のいろんなことを見ていると、実は社会全体でもって子どもは満たされてないし、無理な要求をされてる。そんなことの歪《ゆが》みとして髪の毛を染める子が出てきてると思っているんです。体罰や子どもを叩いたりする親も社会の歪みとして出てきている。それをやる親だけが悪いんじゃない。もっと子どもに優しい社会、つまり、それを育てている親にとっても優しい社会をつくっていかなあかんというのがあるんね。

学校で先生が髪を染めるという行為

小野田　さて、今回の『季刊教育法』の特集で一つ題材にしようと思っているのが、2年前に判決が出た生駒市の公立中学校の事例です。この女子生徒は1年生のときまでは普通だったんですが、2年生になってから化粧をしたり制服を着崩したり茶髪にしたりというような校則違反が目立つようになりました。学校側は何度も粘り強く指導し、親に家庭内で指導してほしいと依頼したにもかかわらず、長期間にわたって校則違反を続けていました。頭髪を黒髪に戻すように指導し、自宅で染めてこなければ学校で染めることになると話した翌日、茶髪のままで登校したこの子に対して、本人合意の上、保健室で先生たちが染髪行為に及んだことをめぐって、この子と親御さんが体罰だということで訴えを起こしたものです。他にも、先生が上半身に触ってカーディガンを無理に脱がせた行為がセクハラだという訴えもあるのですが、結局、地裁では、真摯《しんし》な努力を教師が続けてきたということで、この染髪行為は教育活動の一環としての行為で体罰には相当しないというかたちになり、控訴した大阪高裁の判決でも同様のことが認められて、最高裁まで行ったんですが、上告受理の棄却、判決確定というかたちになっています。

学校で先生が髪の毛を染めるという行為そのものをどう見たらいいかということなんです。いきなり染めることはないにしろ、再三にわたる指導を重ねた結果、最後はそこまで行ってしまう。学校で染めるというのはいくらなんでも行き過ぎじゃないかという意見がある一方で、教師の側からすると、親にはなかなか期待できない部分があるのでやむを得ないとか、本人も同意しているんだから認められる部分もあるんじゃないかという意見もある。微妙な線のところまで来ているわけです。そのことについて皆さんのご意見を聞きたいのですが。木田さん、どうですか、学校で染める行為に及ぶというのは。

指導によって子どもと深い関係がつくれる

木田　僕は学校で染めるというのは、基本的には要らないと思っているんです。やっぱり家でやってくるということがすごく大事なことです。当然子どもの納得とか、親の協力とか、しっかり根回しした上での話ですが。ただ、いま現場でやっていて、学校で染めることがゼロかというとそうでもありません。やっぱり一人ひとりの子どもを見た中で、周りの環境も含めて、なかなかできないお子さんもいてますので、学校ですることがこの子にとってすごくプラスになるし、前向きな気持ちにもなるという判断のもとで、やることもあります。

例えば、親の前で言うたのにできていないという話が入って、その子に話を聞くと、親も忙しいてできんのやとか言う。わかった、行事も近いし、絶対お前にも出てほしいから先生染めるわーという話をすると、でも先生ええわ、お金もないしと言うので、先生が半分もったる、出世払いでいいから学校で先生きっちり染めたるわー、一緒にがんばりたいんやーっていう話をして、染めることがお互いにとってプラスであるという感じの中で、学校にあまり馴染めず、関係をつくりにくい子どもとの関係をつくる一つの手立てとして使っていくということはありますね。子どもによっては、家で一人で染めるよりも、一緒にやってくれるほうがプラスになることもありますし。

小野田　青山くん、いまの木田先生の接し方を見てどうですか。

青山　いまのやったら、全然やるやるって(笑)。

小野田　信頼関係ができているかどうかの問題なんですね。仲尾さんどうですか。

仲尾　私は生徒の髪を染めることは自分ではできないし、やってこなかったです。そこはどうしても踏み切れない抵抗がある部分です。ただ、木田さんもおっしゃっていたように、頭髪指導と服装指導ってすごくしんどい指導なんだけれど、子どもとすごい関係をつくれるんですね。最初は当然反発もあるんですけれど、やっぱりその子たちとの関係は、「他の先生より絶対自分のほうが深い」という感じになるし、「単なる〝規制する側とされる側〟というのとは違う、あったかいものが私たちの間にはあるよね」という思いを感じながら、ずっとやってきたつもりです。

自分の手で染めることは抵抗があるのでできなかったですが、「黒彩《こくさい》」（髪用黒スプレー）を振ったことはありますよ。例えば、卒業式の日に茶髪が直っていないから式に出さないなんてことには絶対したくないので、本人納得の上でやりましたね。自分でやらせたかったのですが、「きれいに振れないから、せんせーやって」なんて言われて振りました。

言語によるコミュニケーションの大切さ

竹林　僕は強制的な指導は絶対ダメっていうところからの逆算でええやんと思うんです。ダメという前提で、そのためにどうすればいいかって。ある障がいをお持ちのお母さんから聞いた話なんですけれど、ある学級に大声を出されるとパニックになる子がいて、先生が怒鳴れなくなった、でもそのおかげでこの先生は本来の指導方法を発見したっていうんですよ。指導者として成長したと思いますって。あの先生、体当たりでがんばってはるとか、必死になってそんな中で熱くなったりとか、そういうことは絶対あると思う。熱くならなあかんと思うよ。でもスタートは強制的なものの全面否定というところから始まるべきだと思うし、どうして指導するねんって言ったら、やっぱり人間なんですから、言語によるコミュニケーションですよ。

強制的な指導というものは、言語によるコミュニケーション、つまり努力することを放棄するわけですよ。この努力を怠《おこた》ることは、実は子どもにとって一番のマイナスで、つまり、親や指導者が言語によるコミュニケーションを放棄することによって、子どもは言語によるコミュニケーション能力を高めるチャンスを失うんよ。その子のこれから先の成長をものすごく妨《さまた》げると思う。普通の学校の授業なんていうのは、ごくごく普通の言語によるコミュニケーション能力を持ってたら普通にできるよ。普通にできるはずの勉強がでけへん子っていうのはどんな子やと言ったら、言語によるコミュニケーション能力がなく、それを身につけるチャンスを奪われてる子なんよ。やっぱり言語によるコミュニケーションっていうことが一番大事なこと。

ちょっとアドバイスします、生意気に。一生懸命伝える努力をせなあかん。うまいでえ落語家やから。他の親よりわが子に上手に伝えると思うで。でも伝わらないですよ。なかなか伝わらない。子どもも生まれたら覚えときや。伝わらへんねん。イライラすんねん。でも、伝わらなかったときが大事やねん。多くのおとなは伝わらへんかったことを子どもの責任にすんねん。しっかり聞け、何べん言うたらわかるんじゃあって、口が裂《さ》けても言うたらあかんでえ。伝わらなかったことの責任はこっち側にある。強いほうが謝んねん。「伝えられへんかってごめんな」。これ、最高のテクニックやから覚えておいて（笑）。だから、言語によるコミュニケーションの努力をいつまでもがんばって続けていくべきやし、やっぱり体罰も含めて強制的な指導っていうものは全否定や、というところから始めてほしいなって思います。

会話を積み重ねた上での指導

小野田　子どもが染めたいと思うのは、おしゃれにしろ反発にしろいろいろある。結局子どもに納得してもらうというか、そこでどんなふうに子どもに語りかけて指導していくかということが重要なんですね。いま改めて石丸さんに、こんなふうにしてくれたらもう少し違ったんだろうなぁとか、改めて思うようなことはありますか。

石丸　やっぱりダメっていうこと自体、なぜダメやったのか言ってもらえてたらもう少しよかったかなと思う。1年生のときの担任の先生は、子どもと話をしてくれて、いろんな話を聞いてくれて、いろいろやった上で、じゃあここまでやったらこうしましょうとか言ってくださっていたみたいなので、だから本人もその先生に応えるかたちで、黒にずーっと染めてがんばってきたんです。けれど、2年生になって担任の先生もそうですし、校門指導の先生もそうです。あかんもんはあかんのやっていう感じで、頭ごなしにダメっていうことだったので、やっぱり本人もそれでじゃあ何がダメだったんだろう、いままでがんばって染めてきたけれど、これでもダメ、あれでもダメ、じゃあどうすればいいんだろうって逃げ道がなくなってしまったんです。

もちろん私も家で話は聞いていて、ある程度子どもが、「私がちゃんとするから、私ががんばるから」

っていう言葉を信じながらやっていたんですけれど、やっぱり子どもの力だけではなかなか難しかったです。やっぱり学校の先生と私、子どもと先生、私と子どもとのコミュニケーション不足というのが、一番の原因ではないかと思うんです。話がちゃんとできていればこういう結果にはならなかったかなと思うところがあります。

小野田　逃げ道がなくなっていくというういまの言葉、非常によくわかります。結局逃げ道っていうのは自分で考えてどうしたらいいのっていうのときに、まだこんな道もある、あんな道もあるっていうかたちで出してくれればいいけれど、ともかくそうじゃなくて、、全部塞《ふさ》がる。自分にはできないような方向の道しかないかたちで塞がれてしまうところの中におそらく娘さんは追い詰められてしまったんでしょう。

石丸さんのケースはやや特殊かもしれませんけれど、これから増えてくると思います。国際結婚がこれだけ増えてくる中で、いま過渡期にあると思うんですね。ある意味で言うと、「純粋の日本人とは何か」という問題にもつながると思うんですが、学校現場はかなりいろんな意味で困難と矛盾を抱えつつ、それでも指導しなければならない現実があります。本日はありがとうございました。

（2013（平成25）年5月6日　大阪大学人間科学部46番教室にて）

[プロフィール]
青山 直城
(あおやま なおき)
大阪青山大学学生(『季刊教育法』177号掲載時)。

[プロフィール]
石丸 俊枝
(いしまる としえ)
2女1男の3人の子どもをもつ母親。次女の学校側との頭髪トラブルで、小野田先生に仲介をしていただく。

[プロフィール]
木田 哲生
(きだ てつお)
公立中学校教諭(『季刊教育法』177号掲載時)。現在は大阪教育大学連合教職大学院に内地留学中。不登校改善を目的にした睡眠教育の研究を進めている。

[プロフィール]
笑福亭 竹林
(しょうふくてい ちくりん)
落語家(上方噺家)。落語以外でも、各地で話し方や子どもについての講演を精力的に行い、冬期は長年スキーのインストラクターとして活躍している。

[プロフィール]
仲尾 久美
(なかお くみ)
公立高等学校教諭。長年の全日制勤務を経て、現在は夜間定時制でさまざまな年代の生徒にかかわる。教職を目指す学生も指導。

03 対談

いじめ防止対策推進法と、学校―子ども―保護者関係の変容

× 瀬戸 則夫
弁護士、いぶき法律事務所

37年間の弁護士活動を振り返って

小野田　今日は瀬戸先生にいじめ防止対策推進法（以下、「いじめ防止法」とする）について語っていただきたいと思いますが、その前にまず、先生の弁護士生活37年間を振り返っていただきたいと思います。私にとって瀬戸先生は、教育法の勉強を始めた35年前から、そして大学教員になった30年前から、「子どもの権利の瀬戸則夫」という、あこがれの存在でした。教育法学会などでも遠くからお顔を眺めていましたが、直接にお会いしたのは大阪大学に来て数年経った、川西市子ども人権オンブズパーソン事務局が最初だったと思います。瀬戸先生ご自身は、数ある弁護士がかかわる領域の中で、なぜ教育や子どもの権利に注目されたのでしょうか?

瀬戸　弁護士7年目で独立したときに、大阪弁護士会で少年法改正問題の委員会が独立して発足したのですが、私の希望ではなくて、弁護士会からの割り当てで委員となりました。少年法改正反対運動と少年非行の付添人活動拡充が中心活動でした。面識のあった先輩が委員長をされていて、月一回の定例委員会への出席のお誘いを毎回受けていました。暇があったので出席率がよくなり、3年ほどしたら副委員長に選任されたのです。その頃、茨城県で生徒に体罰を加えた女性教師が暴行罪に問われた「水戸5中事件」（※1976（昭和51）年5月に事案は発生し、一審の水戸簡裁では罰金の有罪判決だったが、控訴審では逆転無罪となった（1981（昭和56）年4月1日東京高裁））で無罪判決が確定して、軽微な体罰なら許されるような世論が湧《わ》き上がりかかっていました。

大阪弁護士会の委員会でも、少年法分野だけでなく、体罰・校則問題などの学校教育分野にも軸足を広げる動きとなり、体罰シンポを開催しました。私が弁護士としてパネラーとなりましたが、そこでの発言が短く新聞に出たことから、これで社会的な責任が生じたのかなという素朴な思いを抱きました。その年の8月に、数年前から東京で結成されていた全国体罰問題研究会の年1回の全国シンポジウムの第5回を大阪で開催することになり、私が事務局を務めました。それ以降は、学校での体罰や子どもの人権問題をやらなければいけないと考え、体罰と管理教育を考える会をつくって、私の事務所を事務局にして、活動を続けました。その会での私の活動は、体罰、校則、懲戒、いじめ自殺などで悩む親の代理人として、学校と交渉したり、人権救済申立をしたり、裁判したりするもので、内申書や指導要録開示の運動と行政訴訟に至りました。

小野田　少年法の委員会は、その後に活動分野の拡大と国連・子どもの権利条約の批准《ひじゅん》があって「子どもの権利委員会」となっていくわけですが、そこでの活動の第3の柱として20年ほど前から児童福祉分野にも活動の範囲を広げられ、児童虐待分野に取り組んでおられることを聞きました。そのきっかけとなった近畿弁護士連合会・人権大会での児童虐待シンポジウムを準備する過程で、養護施設や教護院の宿泊体験を提案されておられます。

瀬戸先生からいただいた「子どもの権利関わり歴」メモに、次のような下りがあります。「付添人活動では、弁護士は内実も知らないまま、施設は悪で、家庭が良いと信じて言動してきたのではないか。しかし弁護士会で企画する児童虐待シンポジウムでは、児童虐待において家庭での養育が悪で、施設がマシと弁護士として提言することになる。施設が相応にマシなものがあることを弁護士の多くが体得した上で、その提言をするのでなければ、無責任である」と。それで阿武山《あぶやま》学園（※大阪市立の児童自立支援施設、旧教護院）での2泊3日の宿泊体験を皮切りに、養護施設や教護院宿泊体験を重ねられました。普通、弁護士からみれば、そんなことは手間暇がかかるし、机上の論理だけでやればいいと思いがちですが、それを敢《あ》えて〝現場を見ないとまずい〟と思われたんですね。

瀬戸　弁護士会の発言の社会的責任を意識してのことでした。児童の施設の実態も知らずに弁護士会として施設関連の発言をすることは非常にまずいと考えました。私としては、養護施設や教護院をただ見学するだけでなく、2泊3日宿泊させてもらい、丸1日フルに早朝から夜中まで、子どもたちと一緒に遊んだり、草刈りをしたり、ご飯を食べたりすることが最低必要と考えました。生活している子どもたちと同じ目線に近づけると思ったんですね。大阪弁護士会ではそれ以来ずっと2泊3日路線が続き、子どもの権利委員会所属関係者は必ず行きますし、行かない弁護士には「お前、やる気あるのか」って言っていました。日本弁護士連合会（以下では日弁連）でも宣伝しましたから、各地でも広がって行きました。私も関西だけでなく東京や北海道も含め10か所以上の教護院で2泊3日しました。

保護者の視点と教師の視点

小野田　現実と現場がどうなっているかを見ていこうではないか、という視点の提示は、学校＝悪、子ども＝守られるべき者、保護者＝その子どもの権利を第一次的に擁護する者＝善、という考え方ではなく、より現実的視点を入れながら問題構造をとらえることの大事さを訴えておられるように思います。

さて、その後に瀬戸先生は1999（平成11）年から4年間、兵庫県川西市の子どもの人権オンブズパーソン（代表）を務められました。先生の「子どもの権利関わり歴」メモでは次の4点を指摘しておられます。

（1）親は「わが子」重視で、教員は「集団」重視。しかし子どもは双方に身を置いていて、どちらの思いも大体よくわかっている。

（2）司法機関の作用は過去の出来事を掘り起こして意味を与える考古学的なものであるが、子どもにとっては、過去よりも現在と近い将来が決定的に重要。弁護士の接する親は前者の感覚が強く、学校教員は後者に近い。

（3）第三者が「子・親・教師」の関係に介入する視点は「子どもがどう思っているか、どうしたいか」を中心に据《す》えることでないと、子どもの本当のニーズに合致しない。

（4）学校などにおける子どもを巡るトラブルにおいて、「子どもの意見表明権」の保障が決定的に重要である。

この4点は、現代社会の中で複雑化する子どもをめぐる学校・保護者間のトラブルの問題と深くつながっていると思います。今回はいじめ防止法の問題を扱いますので、あらためて、特に傍線部の意味について、詳しくお話しいただけないでしょうか？

瀬戸　まず（2）ですが、司法畑はみんな考古学ですね。刑事も、民事もそうです。双方の主張立証として過去の資料を出し合って、裁判官が過去の出来事を確定し法規を当てはめて判断する。学校問題での親の思いも、うちの子は5年生のときはこうだった、中学に入ってからはこうだったと、過去をずっと振り返って語っていくことが多く、その意味で考古学的ですね。わが子の問題については、親には断片的な情報しか入ってこない。親仲間からのも、学校からのも断片的。断片的な情報入手もあって、これはひどいじゃないかと怒って司法的な救済を期待して弁護士に相談したりする親も出てきます。他方、子どもや教師は未来志向でしょう。大事なのはいまを見て、これからのことを考える方向性ですので、どうしても親の思いとのギャップが強くなる傾向があります。

次に（3）の第三者が「子・親・教師」の関係に介入する視点については、川西市オンブズパーソン制度は子どもの権利条約との関係でできたわけですから、子どもの思いを中心にすることに徹していきます。親の意見も大事で親から話をよく聞くけれど、子どもからもきちんと聞くことがより大事で、子どもの意見表明権を尊重するという姿勢を堅持していました。「親御さんの意見はわかりました。でも子どもの意向に沿って動いていきます。子どもの意見を聞いて進めましょう」とお話しします。親の考えと子どもの思いは微妙に違っていることがかなりあります。子どもは現に学校・学級に身を置いていますから、自分でちょっと失敗したことも含めて、そんなに一方的に相手を断罪したり、責任を取れと言ったりはあまりしません。そういう事案を何件も見ました。それで親に、「お子さんは、どうもこういう思いのようですが、どう思いますか」とぶつけますと、子どもが安心して平穏《へいおん》に学校に通うことが第一という思いが強いですから、「そうですか」と納得する親が多かったです。少数ですが、話の当初から「これが子どもにとって大事なことです」とのご自身の意見を強く出される親は、子ども中心を標《ひょう》榜《ぼう》する川西オンブズパーソン事務局に来られても、2回目以降は来なくなるということもありました。

小野田　見方が多面的になりますね。ここでの経験は、それまでの弁護士業務とは違いがありましたか。

瀬戸　普通の民事事件の代理人と同じ感覚で学校問題を扱うと、親の意向に沿って学校などの相手方と交渉して一定の成果を出せばいいということになります。川西市オンブズパーソンを経験する前は、子どもの問題なのに子ども自体を中心においておらず、半分しか活動していなかったかな、などとも思い返しています。川西市オンブズパーソン以後は、親の思いはわかりますが、それ以上に子どもの思いを受け止めて、子どもの納得を得るように努めて進めないと、子どもの本当のニーズとかなりずれる危険があることがわかってきました。たぶん川西市での経験もありますが、子どもの権利委員会の児童虐待問題への取り組みの進展も関係しているのでしょう。

変わりつつある子どもと親へのかかわり方

小野田　学校が舞台となった事故や事件にもいろいろな背景や事情があるように思います。教師の体罰や暴言、子ども同士の「いじめ」や暴力に対する学校の安全義務配慮の不足、学習指導上の不適切さに伴う学校事故など。これらの場合に、学校や教職員のあり方としていまの時点で、特に言っておきたいこと、あるいはきちんと改めてもらいたいと思うことは何でしょうか? 同じく、保護者に対してアドバイスしておきたいことはありますか? 瀬戸先生は学校事故・事件被害者全国弁護団の副代表のお一人でしたので、答えにくいところがあるかもしれませんが、お願いします。

瀬戸　この数年「いじめ」問題で局面が変わってきていると感じています。大阪弁護士会の委員会が児童虐待に取り組んでから20年ほど経ちますが、それ以前の第1段階は、子どもの人権弁護士といいながら、学校分野では親の思い中心の親代理人弁護士でした。次の児童虐待問題の取り組み以後の第2

段階は、委員会の弁護士の中では、オンブズパーソンで述べたと同じような姿勢で、子どもが中心となり、親の思いはその次で「子どもによいこと」で行きましょうとの意識となってきました。子どもの権利条約の批准（1994（平成6）年）も関係しますが、子どもの思いを中心に考えていかなければならないという考え方が、弁護士の中では広く浸透していったと思います。それは中堅の弁護士でも、1・2年しか経験のない若手でもです。

さらにこの数年が第3段階で、大津事件で「いじめ」が何回目かの大社会問題化し、いじめ防止法が制定されたことで、子ども中心の姿勢だけでは、保護者の発言力が増した昨今の学校問題への親の代理人活動が十全に果たせないと思い始めている段階です。なぜなら最近、学校問題を親代理人として対応するときには、親と子の思いをイーブンに扱って〝子どもとともに親にも寄り添う〟という姿勢でなければ、発言をいとわない姿勢が強まってきた親との信頼関係を、依頼人の弁護士として十分に獲得することができない状況になっていると感じているからです。

子ども中心に取り組むという姿勢は、オンブズパーソンのような第三者機関にかかわる弁護士や児童相談所にかかわる弁護士や教育委員会や学校にかかわる弁護士はそれでいいと思いますが、学校問題で親の代理人活動を進めるには、子どもの思いの尊重と同じ重みで親の思いの尊重もしていく必要があります。限られた情報の中で、重荷も抱えて思い悩む親たちの状況と思いに対して、相談に乗り受任する弁護士が、親の思いにも共感する心を持ち続けようと努力する姿勢がないと、依頼者の親との信頼関係を維持することが困難となる危険性が出てきます。それで私は、学校問題で親代理人をきちんと務めていくには、子どもの思いと親の思いを同等に重視する相応の心構えとスキルが必要だと、発言い出している次第です。

いじめ防止法による〝法化現象〟

小野田　今日の瀬戸先生とのお話の核心はそこかなと思います。親自身が相当変わってきたという側面がある。「いじめ」の問題でも、親が言い出したらとことんこじれていく。親の気持ちを受け止めない限りは現実に進まない事案がいくつも起きているということですね。

瀬戸　いま、学校現場が混乱しているポイントの一つは、多数の親が発言をいとわない・ためらわなくなっていることにもあるのでしょう。相反する思いを持つ親からの諸主張に対して、学校教員が毅然《きぜん》とした対応姿勢を維持するスキルを高めなければ、学校は混乱して本来の教育活動がなおざりになりかねません。親の意識が変わってきていて、「いじめ」問題なら学校にどんどん言って行くことが社会的に正当化されるとの意識が広まりつつあります。「いじめ」が犯罪被害者問題と同様になってきたのではないかと感じています。

つまり以前の刑事司法畑では、犯罪被害者に焦点が当てられずに、国家から拘束を受ける被告人、被疑者の権利を護《まも》れということだけを弁護士も言っていました。それが神戸市の中学生による連続殺傷事件の頃から、犯罪者より犯罪被害者の人権を守るべき、とガラッと社会の意識が変わってきたように感じています。同じような意識変化が、この数年の大津事件などでの「いじめ」による自死事件からの大きな社会問題化から始まっているようです。「いじめは犯罪と同じで悪、だから放置してはいけない、地域の秩序の安全にかかわる」――そういう意識が主流になって来つつあるのではないでしょうか。逆に言うと「子どもがいじめに遭《あ》っている、これは犯罪と同じ悪いことだから、学校もちゃんと被害者の保護と防止活動をしてください、と親が言うのは当然のこと」という意識の流れに変わりつつある。

もう一点、20年ほど前の弁護士会の児童虐待への取り組み以後、児童福祉の現場に〝法化現象〟が浸透し始めたことが学校現場にも起きつつあるということが言えます。つまり、児童虐待が社会問題になって、弁護士が入り、児童の生命・心身にかかわる重大案件では、家裁での法的手続きに則って、親子分離策を進めようとの意識が広まっていきました。児童相談所もどのような事実があったかをきちっと把握し、整理して記録を残し、申立てて裁判所の判断が受けられるように準備することが重要となってくる。その子にとって今後どのような働きかけをしたらよいかのソーシャルワークだけでは不十分で、法的対応・機能が児童相談所にも必要となってきたとの意味で、児童福祉に法化現象が招来したわけです。

いじめ防止法以後の学校教育現場でも、その意味での〝法化現象〟が広まっていかざるを得ないということですね。いじめ防止法下では、「いじめ」問題について、学校教員としての行動や対応、そして把握した事実を一つひとつ整理しつつ記録し、それを法規に照らして見解をまとめるとの法的作業が必要になってきているわけです。それは子ども一人ひとりをどう伸ばしていくか、将来にどうつなげるかという本来の教育作用と関係が薄い作業ですね。しかしそれをしないと、学校自体がさまざまな保護者からの発言に毅然とした対応の姿勢が保《たも》てずに混乱状況となってしまいます。そうならないために学校現場では、法的な意識とスキルをもった活動も必要となってきているのです。極論すれば、いじめ防止法が学校教育現場に法化現象を招来《しょうらい》してしまったと言えるのかもしれません。

いじめ防止法第23条4項の措置が及ぼす影響

小野田　いじめ防止法の方にいきます。まずは、実務に携わる弁護士として、いじめ防止法の評価についてお聞きしたいと思います。いじめ防止法が2013（平成25）年6月に可決成立して、9月28日から施行されました。特に「いじめ」の定義が相当に広くなるだけでなく、被害者に寄り添った展開と措置が規定され、加害者と被害者が対峙《たいじ》的な関係に置かれ、また学校や教育委員会のなすべきことが、本当にたくさん規定されています。

日弁連の2013（平成25）年6月20日の意見書では、「いじめを受けた児童等（保護者）への支援といじめを行った児童等（保護者）への指導という二者間の対峙的な対処」をしていることが問題とも指摘しています（資料①参照）。この点も含めて、先生の率直なご意見をお願いします。

瀬戸　児童虐待防止法（児童虐待の防止等に関する法律）の構造をそのまま借用していて、学校現場の人間の関係性の実情と遊離《ゆうり》しているという印象を持ちました。児童虐待防止法は、虐待が犯罪と同じで絶対の悪であるとしていますが、いじめ防止法でも、ささいな「いじめ」も犯罪と同じ悪という構造です。通報義務にしてもそうですね。

私はいじめ防止法の学校教員の義務を定める諸条項のインパクトが強いと感じていますが、その象徴的な例は、23条4項です。同項は「学校は、前項の場合において必要があると認めるときは、いじめを行った児童等についていじめを受けた児童等が使用する教室以外の場所において学習を行わせる等いじめを受けた児童等その他の児童等が安心して教育を受けられるようにするために必要な措置を講ずるものと

●資料①

【日弁連の意見書の趣旨の6項目】

1　いじめ防止対策推進法案（以下「法律案」という）が、いじめ防止のための対策に関する施策の推進を図ろうとしている点は評価できるが、その方策として掲げる「道徳教育及び体験活動等の充実」については、道徳を教え込むようなものではなく、法律案自体も認める「いじめの防止に資《し》する活動であって当該学校に在籍する児童等が自主的に行うもの」を中心とするものにすべきである。

2　法律案は、起きてしまったいじめへの対処について、いじめを受けた児童等への支援といじめを行った児童等への指導という二者間の対峙的な対処としているが、いじめの原因を探求してこれに対処すること、いじめを集団の構造的問題と捉《とら》えいじめの四層構造を踏まえて集団全体や観衆・傍観者に当たる児童等への対応も行うことが明記されるべきである。

3　法律案は、いじめを受けた児童等の支援や教育を受ける権利等への配慮のみを強調し、いじめを行った児童等に対しては指導・懲戒・警察への通報等を定めているが、いじめを行った児童等についても、支援や教育を受ける権利等への配慮が必要であることが明記されるべきである。

4　法律案は、保護者についても、いじめを受けた児童等の保護者に対しては支援、いじめを行った児童等の保護者に対しては助言、と対峙的な対処を定めているが、いじめを行った児童等の保護者についても、支援が必要なことが明記されるべきである。

5　法律案は、保護者に児童等がいじめを行うことのないよう規範意識を養うための指導その他の必要な指導を行うよう努める義務を課しているが、このような規定は設けるべきでない。

6　法律案は、重大ないじめ事案への対処として、学校・地方公共団体に調査を行う組織・機関を設置すると定めているが、いじめ防止の目的も含め常設の子どもの権利に関する第三者機関を設けることとすべきである。

する」と規定しています。この条項を私は被害児童のための別室指導の措置義務であると受け取っています。例えば親が、依頼する代理人弁護士に、「23条4項に規定がありますから別室指導を求めてください、そうしなければわが子は学校に行けません」と訴えたら、子どもの意見を聞きつつ、代理人としては学校に出す要求書面にそう記載することになるでしょう。さらに別室指導を3学期まで続けてくださいとの意見内容となると、事実上のクラス替え要求となります。またこの条項の趣旨からすると、担任替えなどの類似の要求もできることになります。例えば親が代理人弁護士に「この担任はいじめ加害者の肩を持つなどしていじめを助長しているので、この担任の下《もと》ではわが子は学級で安心して授業を受けられません。今後担任を替えて欲しいのです」と主張して、子どもも同じような思いを示したら、代理人としては、提出する文書に「この担任をクラスから外して、別の教員の担当としてください。被害の子が安心してクラスで授業を受けるためには必要不可欠です」などと書いて学校長などに求めていくことになります。

いじめ防止法以前は、被害側の親がそのような意見をときに言うこともありましたが、代理人弁護士としては、法規の根拠がなく、大きな教育裁量の前で、学校に対し書面でも口頭でもそのような発言をすることは法的には理不尽な要求と受け止められる危惧《きぐ》がありますので、発言しにくいものでした。しかし、いまはいじめ防止法に被害児童の保護を強調する諸条項が規定されていますので、書いていくことも増えると思います。

小野田　いじめた子どもを隔離するわけですね。いままでは、どちらかというといじめられた子が不登校になったり、保健室登校したり、あるいは残念なことに転校していったという状況が、逆の構造になったと。

瀬戸　学校教育にかかわる弁護士として、いままでは法規の根拠がなくて、提出書面に書けないし、そう発言することもはばかられたわけです。親が発言することを止めないのが精一杯。しかしいじめ防止法に学校教員の義務諸規定がもうけられたことは非常に大きいですね。親代理人が相応《そうおう》に法的根拠のある書面要求が出しやすくなりました。判断するのは学校ですが、その要求を学校側が受け入れないと判断するとしたら、それが被害児童のためにもならないことを説明し根拠を示す必要が生じるのではないでしょうか。学校が弁明して説明する必要が出るわけですが、それで納得できる場合もあるでしょうが、親と代理人が納得できなければ教育委員会に文句を言っていくとか、その学校の誤った判断で不登校になったなどとの法的な損害主張などをする親代理人も出てくるでしょう。

他方で、学校が隔離の決定をすると、隔離された方の親もわが子がこの程度のことで隔離されるのは不当だと考えて、当然、黙っていられず、自らまたは代理人弁護士を頼んで、学校へ抗議申し入れをすることも生じる可能性が高いと言えるでしょう。

「加害者」の視点から見ると

小野田　瀬戸先生は弁護士活動を長くされ、子どもや保護者の実態、そして学校の状況も見てこられました。そういった立場から、（1）「いじめ」を受けている児童・生徒、（2）その子どもの保護者や関係者、（3）「いじめた」とされる児童・生徒、（4）その子どもの保護者や関係者、（5）その舞台となる学校の教職員、（6）教育委員会、（7）首長などの関係当事者が存在するわけですが、それぞれの視点から見るとどうなるとお考えですか？

瀬戸　いじめ防止法は、加害の側に対する配慮は薄いような印象ですね。「いじめ」を行うことが悪との前提で、被害児童等の保護のための法律ですから、悪を行った加害側やその他の児童への配慮は薄くなるのでしょうね。しかし、集団教育の場には軽微な「いじめ」は不可避であり、いじめの立場も変転するなど、絶えず動いているのが学級ですよね。社会の中での犯罪とまったく同じようにとらえ扱おうとするのは、正しくないように思います。生身の子どもたちが成長していく場である学級を、動的な人間関係の場としてとらえずに、切りとって、前述したような考古学的な視点の対象として見たり対処したりすることを重視するかの印象の法律で、子どもの集団教育の場のあるべき営みに反する面があるのではないかとも感じています。

小野田　23条の5項には「学校は、当該学校の教職員が第3項の規定による支援又は指導若しくは助言を行うに当たっては、いじめを受けた児童等の保護者といじめを行った児童等の保護者との間で争いが起きることのないよう、いじめの事案に係る情報をこれらの保護者と共有するための措置その他の必要な措置を講ずるものとする」とありますが、争いはどう考えても起きますよね。

瀬戸　起きますよ。相反する意見がそれぞれの親から出され、それぞれに支持する親グループも意見表明したり、双方の親が弁護士を依頼して、法的に武装した意見書を出していったりするようなことが出てくる可能性が高いですね。このままの学校現場体制では、毅然《きぜん》とした対応ができかねる場面が続出するでしょう。その対策のためには、この法の下での文科省や教育委員会は、学校が法的スキルを身に付けることの施策を講じ、明確に学校がいじめ問題で対応し発言する指針を打ち出して行かないと、現場の混乱が続き、学校教育が疲弊《ひへい》していくのでしょうね。

小野田　後の問題にもつながるのですが、今回のいじめ防止法の危うさは、子ども同士の人間関係に伴う摩擦《まさつ》をトータルに見るのではなく、例えばある日の何時何分の時点で、どちらが「加害者」なのか「被害者」なのかを明確にさせて切ってしまうところにあると思います、つまり、本人が苦痛を感じていればそれはすべて「いじめ」だと、いったんは定義づけられることになりました。いじめたとされる児童生徒やその保護者の側には、いじめているつもりはないという抗弁しかできなくなってしまうんでしょうか。

瀬戸　だから、とにかく調査するとなっているんです。そうなると、一つのエピソードや事実だけでは足りなくなる。結局、被害に遭った子と「加害」の側の子どもたちという関係性についても当然、ある程度調査していかなければいけないのでしょう。正しく事実のところで確定して、事実を基にして対応していくということしかないのでしょう。

あれもこれもするという学校の「いじめ防止基本方針」

小野田　問題が起こったときに、学校は調査委員会を立ち上げなければならないわけですが、ある学校の「校内いじめ防止対策委員会設置規則」を見ると、構成メンバーは校長、教頭、生徒指導、学年主任、それに必要に応じてカウンセラーやソーシャルワーカー、とあります。いままでなら学校の先生達が集まればそれでよかったけれど、そこにスクールカウンセラーもスクールソーシャルワーカーも入れて、ということをやらざるを得ない。親御さんも外部委員を入れないと納得しませんから。そうなると、会議日程調整にまず手間取り、会議を開催して事実確認をしている間に、次の問題が起きる。また、ひとつの学校で一つだけではなく、三つも四つも同時多発でどんどん起きてくることもありえます。そうなると、カウンセラーが本来のカウンセラー業務を遂行できない、教員が肝心の子どもに寄り添う時間がない、という事態になっていくと思いますが……。

瀬戸　何年かに一度起きるような大事件ならしょうがない、となるけれども、軽微な「いじめ」も含みますから、しょっちゅうとなる可能性が高いですね。被害側が何か言えば、逆に加害側も言い返し、それぞれに味方する保護者も出てくるという対抗・係争状態の場に学校がなることも少なくないことになりますね。

小野田　調査を進めていく間に1年が経ち子どもは卒業する。事態は何一つ改善されないということにもなりかねない。学校のキャパシティを超えた対応を迫られると思うんですよ。

瀬戸　確かに調査には5・6ヵ月はかかりますね。というか、かけないとダメかもしれない。普通の授業など本来の教育活動がかなりなおざりにされる危険性がありますね。絶えず調査されているのでは、子どもの負担も大きいですよね。

小野田　例えば、大阪のある私立学校の「いじめ対策基本方針」をみると、A4版で10ページもあるんです。年間計画を見ると、4月に相談窓口の周知をして、年に何回もアンケートをとることが明示されています。子どももアンケート漬けなんです。ここだけではなくて、他の学校のホームページにあがっている基本方針でも「4月友だち調査、5月いじめアンケート、6月先生アンケート、9月第2回友だち調査、10月第2回いじめアンケート、11月第2回先生アンケート、1月第3回友だち調査、2月第3回いじめアンケート、3月第3回先生アンケート」というのもありました。本当にこんなにもできるのか、疑問に思いますし、もし何か1つを都合によりすっとばしたら「それが理由でうちの子のいじめが見過ごされた」と主張されることだってあるように思います。

「基本方針」をどうみるか

小野田　いじめ防止法にかかわって、2013（平成25）年10月11日に文部科学省から「いじめ防止等のための基本的な方針」が出されています。このようなガイドライン的な基本方針が出される法構造は、先の児童虐待防止法とは違うように思います。方針などのガイドラインは必要に応じて改定されるのに、法は頻繁《ひんぱん》には変わらないし改正するのは難しい。法の施行規則をつくるわけでもなく、基本方針に依存していて一貫した構造になっていないと思うのですが。

　ガイドラインである基本方針に書いてあることと、いじめ防止法が矛盾している場合には、法に則って相手方を攻めますよね。

瀬戸　当然です。こちらは親の代弁者ですから。

小野田　いじめ防止法の下《もと》で、学校ごとに、あるいは教育委員会ごとに「基本方針」がつくられています。国がつくれというから教育委員会もつくらざるを得ないし、現場の先生達も言われたからつくらざるを得ない。しかし他方で、あれもこれも書き加えようとがんばりすぎて、壮大な内容で独自色を持たせようとすればするほど自分で自分の首を絞めていくことになりかねないように思います。果して「基本方針に書いたとおりのことを本当にできるの？」と疑問に思います。

しかも校長や教頭は3年ぐらいで学校を変わる。最初にがんばってつくってしまうと、新任の校長や教頭が来たときに「こんなにも」と驚いても、いきなり変えられません。また、いままで5ページだった基本方針を3ページにしたら、なぜ減らしたんだとなりますよね。法によってつくらされた基本方針であり、その重大な意味、先ほどの瀬戸先生の言葉を借りれば〝法化現象〟が起きているのに、それを自覚しないまま、方針を立てている（立てさせられている）ところも多いと思います。

学校現場には法に基づく対策だという意識がなくて、いままでの教育的措置としてのいじめ対策の延長線上にあると思っているように思いますし、そういった感覚が鈍いことに怖さを感じています。この違い、つまり教育的措置ではないという点を先生なりに解説していただけませんか。この法律ができたことによる違いは何なのか。さきほど法化と言われましたが、法化の中身について。

瀬戸　子どもがいじめの被害を受けたからちゃんと対応せよという要求を親側がすることは、教育作用と全然関係がない、というのが法化の中身です。学校側がどれだけ一生懸命にがんばっているかではなくて、現実にそういう問題が起きているのだから、二度と発生しないような手立てを講ずることが求められている。裁判所まで行くという可能性も少しはある。法律があってその道が拓《ひら》かれているわけですから。

保護者の意識の変化が大きい

小野田　いじめ防止法の影響について、現実にいろいろなことが起きていると思うのですが、いま何が起き始めているか、その原因がどこにあるのか、お話しいただけないでしょうか？　保護者が被害者意識を高めていって、厳罰主義を求める状況も起きているように思います。

瀬戸　やはり、保護者の側の意識が変わってきたんですよ。いままではわが子を成長発達させてくれる尊敬すべき場が学校であったのに、「いじめ」問題でひどいことが起きているにもかかわらず学校が放置し、ときに隠蔽《いんぺい》している、との意識が広まっている。学校の対応に対して異議を申し立てるのは市民として正しい行動だと考えられるようになってきている。学校に物申すことについてのハードルが下がったと思います。私自身が30年前に体罰と管理教育の会で、親の代理人をしていたときとは明らかに変わっている事態です。以前はよほどのことがない限り、学校が責められることはなかったけれども、いまは「いじめ」を突破口にして、きちんと対応する義務が出てきている。犯罪被害者問題と同じようなことを「いじめ」というキーワードで学校が抱え込んだということになりますね。

　他方でいまの時点で弁護士として感じている問題は、親がいじめ問題で学校に物申すためには相当の能力と余裕がいる、という点があります。電話相談を受けていても、「これこれのことを前は認めたのに、いまの校長はそれを否定するようなことを言われました」ということをお話しされる親がおられまして、悩む親や事実を記録し、整理することができていない親も多いようです。学校に物申すには事実の整理力と理屈の展開力もある程度必要ですが、一般の家庭ではそのような余裕も能力も備わっていないことが多いわけです。そのような親自身が学校・教委に物申しても相応な対応をしてもらえずに門前払《もんぜんばら》い的対応をされて、悩みを内向させることも少なくないようです。

　他方で、整理力と余裕があって、自らまたはときとして合法的な強面《こわもて》の弁護士を依頼して学校に意見を言っていくことも増えつつあるわけです。親が文句を言うのは別におかしいことじゃない、そういう意識が急速に広まりつつあるんでしょうね。

いま、学校事故・事件被害者全国弁護団と弁護士会の子どもの人権110番の運営に携わっている私が危惧《きぐ》しているのは、若い弁護士が親との関係できりきり舞いさせられていることが増えつつあることです。代理人弁護士を解任されるとか、着手金を全部返せとか損害賠償払えとか言われて、金を払えば済むという話だけではなくなっている。学校問題で苦しんでいる親の主張の事実上の標的が、十分な活動を行ってくれない担当弁護士にも移っていく可能性が生じています。まず親は弁護士に依頼して、問題のある学校や加害者を相手にして主張・代弁活動をしてもらうことになりますが、担当弁護士が十分な対応をしてくれないと感じたときには、その弁護士へも非難し抗議したいとの思いが生じます。そうなると、担当弁護士がそれに対応するためには、案件を処理すること以上の何倍ものエネルギーと時間を背負うことになります。

私のような古手の弁護士は過去に何件かそのような経験をしていますので、そうならないような心構えはある程度ありますが、若手弁護士にとってはとても辛い状況になります。半ばボランティア活動の意識を持って熱心に取り組んでいる若手弁護士がそのような苦境に陥ることがたくさん生じないようにと、念じているのです。

少額弁護士費用保険の登場で

小野田　「プリベント少額短期保険会社」が「個人で入れる日本初の弁護士費用保険『Mikata』(あ

なたを守る強いミカタ）」を昨年（２０１３（平成25）年）に売り出しました。いじめ・体罰・退学強要などの子どものトラブルや交通事故、相続、その他さまざまなトラブルに対して保険金（弁護士費用など）を支払うというものですが、私はこのことによる社会の行く末を案じているのですが、瀬戸先生はこういった状況をどのように見ておられますか？

瀬戸　この弁護士費用保険は日本弁護士連合会も協力して開発されたようです。裁判となると最低30万円程度はかかりますからね。相談料も1時間1万円はいただかないと弁護士事務所が維持できません。学校に物申したいし、そのための弁護士の助力を受けたいと考える親の層は増えているのでしょうが、これまでは弁護士費用の観点であきらめる親も多かったのでしょう。だからＭｉｋａｔａ保険は、いまかなり売れているとのことです。学校にわが子を通わせている親には、被害・加害問題が生じて、他方の親や学校との間で交渉することが必要な場面が出てくる可能性が少なくない、と感じていることが増えているようですから。

１日98円の掛け捨ての保険料負担で、万一の時費用負担がなく弁護士に交渉代理人となってもらえるわけです。一応、多数の加入者があれば保険会社は会社として成り立ちます。そして、相談を受け受任する弁護士も最低限の手数料は保険会社から支給されるというプラス面があります。しかし保険料負担した親は、以後の代理人弁護士活動について自己負担がかからないわけですので、水準に達した活動と熱心な取り組みを期待して、さまざまな要求を弁護士に出すことが自然な行動となってきます。交通事故の弁護士費用保険が数年前より広まっていますが、その顧客は担当弁護士に対して水準に達する技能と熱意に基づく弁護士活動をしているかをきちんと求めていく傾向があると言われていたことと軌《き》を一《いつ》にしています。

小野田　依頼を受けたときに、すぐにこれを引き受けるかどうかの判断が必要でしょうし、訴訟続行できるかどうかの判断も相当早くしないとクレームが来ますよね。

瀬戸　そう。多数の加入者が保険料を払っているので保険会社はペイするし、依頼人には弁護士手数料の負担がないわけですから合理的な面があります。ただ、交通事故や近隣訴訟などは法廷で判決が出ればそれで決着するけれど、いじめの場合には現実に子どもが学校に通っているわけです。弁護士に依頼することは簡単ですが、弁護士の介入によるマイナス面もよく考えておく必要もあると思います。学校外からの介入で苦しむ子どもに、いろいろなリアクションが陰湿な形で出たりすることもたまにはありますので。それに、親が係争・裁判のことに大きなこだわりを感じざるを得ないということは、子どもの家庭環境にとってマイナス面もあるでしょう。親代理人としての弁護士は、わが子のことで悩んでいる親のために代弁した方がよいとの感じは持っても、子どもが受ける反作用をよく考えた上で親と協議しなければならないとも思います。それで思い悩む親に寄り添ってよく話を聞くことだけでも、親の頭が整理されて少しボルテージを下げて落ち着いてもらうことができて有用だと思っています。

小野田　先ほど訴えることができるのは余裕と整理力を持った親だと先生は言われましたけれども、本当に金と暇と知恵のある者勝ち、悔《くや》しかったらお前も誰か連れてきて訴えればいいじゃないかという社会が来るような気がします。正しい者が救われていく社会ではなくなるような。弁護士会としては一緒に開発してきたということもあるから、いまさら止めるわけにはいかないんでしょうが……。

学校にとってみれば、裁判沙汰《ざた》は望みたくないと思います。しかし親御さんが弁護士を立てて訴えてくれた方が、紛争のステージは上がるけれども、係争する問題が整理されて処理しやすくなるというようなことが過去にずいぶんと言われてきました。しかし、ここ2・3年だけでも格段に数が増えていて、その質も変わってきている。今後はひとつの学校に1件あるかないかという程度ではなくて、3件・4件、しょっちゅう裁判になっているという状態になると、親にとっても本当にいいことなのか、子どもが間に置かれて悪影響も出る事態になるのではないかと思うんです。それに、瀬戸先生のように子どもの権利に詳しい弁護士ならば、この辺で収めた方がいいと逆に親を弁護士が説得する場合だってあり得ると思うんですね。ところが数が増えれば増えるほど、教育関係の専門ではない弁護士もたくさん入って来るだろうし……。

瀬戸　一般の弁護士は、民事弁護士として親の怒りと権利主張が正当だと思えば、取りあえず親のために代弁活動をガンガンするんでしょう。保険で弁護士手数料が出るわけだし、やることだけどんどんやっていればいい。子どもへの悪影響っていう問題は二の次、というか子どもにまで視点が及ばないでしょう。

「いじめ」か、成長にともなう「あつれき」か

小野田　私が主宰《しゅさい》している「新新・学校保護者関係研究会」では、2014（平成26）年の5月31日に第4回の「半公開学習会」（※参加を大々的に呼びかけるのではなく、関西地区の一部の教育委員会や教育センターに限定して郵送で案内を送り、これまで研究会がつちかってきた研究成果を周知しながら

意見を集約していく方式の学習会）を開催し「いじめ防止対策推進法と保護者対応の課題」をテーマにしたところ、会場いっぱいの150名ほどが集まりました。そのときに、瀬戸先生と同じ事務所所属の三木憲明弁護士が「いじめ防止法の施行と学校現場」という架空の事例を出して、大変興味深い報告をされました（以下、資料②参照）。

●資料②

いじめ防止法の施行と学校現場

三木憲明

仮想実例

「被害者」のAと「加害者」のXは、かつて市立乙《おつ》小学校に通っていた同級生であり、現在は市立甲《こう》中学校の2年生であって、いずれも野球部に所属している。

Aは、6年生になるまで、毎年30日を超える欠席を数える不登校状態にあった（保護者と担任との相性が悪いと思《おぼ》しき年次の欠席状況はさらに悪く、5年次は全欠に近いところまでいっていた）。

Xは、6年生になってはじめてAと同じクラスになった。担任は30代（教員歴15年）の女性で、「みんなクラスの一員だよ」がモットーだった。

Aは、6年生最初の始業式に出席した。担任は、この日をAとの大切な「出会い」の日と位置づけ、予めAをリサーチして、Aが無類の野球好きであることを突き止めた。他方、少年野球の優秀なキャッチャーで、体も大きく、人望も厚いXに注目し、XをAの友達候補と目して、始業式の日もそれとなくAとXの「接近遭遇」を演出しようと目論《もくろ》んでいた。

担任の目論見は的中し、その後AとXは野球マターを軸に会話もつながるようになっていった。Aは、「自己チュー」なところがあり、Xの都合を顧《かえり》みず接近しすぎるところがあったり、反対に気分が沈んだときには自分の殻《から》に閉じこもってしまう傾向があった。しかし、Xは我慢強い性格であり、自らAとの距離を図りつつ（担任が観察する限り、いまどきの6年生とは思えないほど、大人びていた）、Aの気分に合わせた対応をとっていた。

担任は、そのような状況を把握して、Aの母にAのクラスでの様子を詳しく伝えたり、AがXという友達を自らつくったこと、Xがうまくパイプとなってクラスに溶け込めていることなどを話した。Aの母は、大層喜んで、Xの母に電話し、「どうか仲良くしてやって」などと話したが、その電話が頻繁《ひんぱん》になり、常識的とはいえない時間帯に及んだこともあった。他方、担任はX及びその母への配慮も忘れず、ときどき声を掛けてねぎらっていた。

ところが、2学期の始業式にAは学校に来なかった。担任は家庭訪問し、XにもAへのプリントを託すなどして、「みんなクラスの一員だよ」と声掛けした結果、Aは再び登校するようになった。しかし、運動会等の行事に対しての不安が大きいようで、Aの母は「無理させないで」と担任に電話するなどしてきた。A本人は、Xらの支えもあって、何とかがんばれていたが、ときどき担任にひどく当たることがあり、担任もAとの距離感について難しさを実感するようになっていた。

6年生では、このような雰囲気で、Aは、Xの関わりで何とか支えられ、「みんなクラスの一員だよ」のモットーの下に学級経営をうまく運んだ担任のおかげもあって、1年通じて30日欠席せずに登校ができた。

Aとxは、甲中学校に入学し、1年次同じクラスとなった。Xは甲中学校区ではXが所属していた少年野球のシニア（中学部）はなく、甲中学校の野球部に入部した。Xは、小学校時代Aとキャッチボール等したこともあり、ややAの体力や協調性に不安を覚えてはいたものの、野球部への入部希望を口にするAと一緒にプレーできることを楽しみにしてもいた。かくしてAとXは甲中学校の野球部員となったが、片やスタープレーヤーのXと本格的に運動をすることが初めてのAとの差は顕著《けんちょ》となり、Aは複雑な心境を抱えることとなっていった。そして、このころからAの母のXの母への言動に攻撃的なものが見られるようになっていた。

1年生の3学期になって、野球部内で、Xの発案により、新学期（2年生の1学期）から朝練をしようという提案がなされ、実施されることとなった。ところが、Aは朝練に参加せず、担当となっていた道具係の役割も複数回怠ったため、Xは思わずAにきつく注意した。Xとしては、朝練を言い出したのが自分であること、Aに対してはそれまで自制的に接していたが「いい加減にしろよ」という思いも正直つのっていたこと、Aが他の野球部員の前でXに「逆ギレ」するような態度を取って引っ込みがつかなくなったことなどから、Aに対し、はじめてきつい言動をしてしまった。そして、その場で、他の2年生部員がXに加勢し、口々にAの態度について「みんな我慢している」「自分の役割をちゃんと果たせ」などと批判した（やや「集中砲火」あるいは「吊《つる》し上げ」になってしまったきらいはあった）。

この日を境に、Aは再び登校を渋るようになった。Aの母は、何があったかAに尋ねたが、Aは言葉を濁《にご》し、はっきりと答えなかった。Aの母は、Xの母に電話し、野球部で何かあったのではないかと尋ねた。Xの母は、上記のAの一連の言動をXから聞いていたので、「子どもどうしの話だから」「A君も少し勝手だよ」などと話した。

この話を聞いたAの母は、いても立ってもいられず、翌日に甲中学校に電話し、Aが学校に行けなくなっているのは野球部での一連の出来事のせいである、学校できちんと調べてXらを指導せよと申し立てた。校長は、野球部顧問でもあるA及びXの学級担任に相談し、顧問兼担任が関係部員と話をすることとなった。

Xらの話を聞いて、顧問兼担任は、野球部の運営の中で不可避的に発生した軋轢《あつれき》だと判断した。他方、Aに対する聞き取りについては、Aが不登校となっていたため、後回しにしていた。顧問兼担任は、Aの母に対し、前記の判断とその根拠となったXらからの聞き取り内容について説明した。Aの母は、顧問兼担任の話を聞いていた途中から憤激《ふんげき》し始め、「そんなはずはない」「うちの子だけが悪いって言うの」「話を聞きもしないで」などと発言した。そして、最後に「こんな学校には行かせない」と吐き捨てるように言って電話を切った。

その後、Aの不登校が連続30日を数えるころ、母から市教委に電話があった。上記野球部での一連の出来事は「いじめ」であり、それまでの野球部での対応も不条理な差別扱いである、顧問兼担任を処分せよ、いじめ防止法に基づく調査をせよとの申し入れがあった。

市教委では、甲中学校と連携し、Aの母の申し立てに対する対応を検討したが、結論的には顧問兼担任の「見立て」に誤りはないとの方針で、Aの母に丁寧にそのことを説明し、他方で一日も早いAの学校復帰を促そうということになった。

小野田　架空の事例ですが、一定以上の不登校状態が「重大事案」とされることによるトラブルやあつれきを暗示していると思います。友だちから言われたことでいきなり不登校になり、「加害者」と「被害者」というカッコつきでしかなかったにもかかわらず、カッコが取れて人間関係が壊れていくという構造になっています。子ども同士の成長に伴ういろいろな摩擦やあつれきの部分までに、いじめ防止法が介入して「法的なルール」にのっとって整理されていくことになります。本当にそういったことでいいのか悪いかが問われていると思うのです。こういったトラブル事案の間には、数多くの当事者がいるわけですね。こういういじめ事案のときに、間に入る第三者的な仲裁や助言をする子どもがいなくなっていく危うさも感じます。

確かに、Aくんの不登校という現象を前にした親御さんの側に立ってみれば「なんとかしたい」という思いがつのるのは仕方がないことでしょう。しかし、一定期間以上の不登校は「重大事態」（第28条）ととらえられる可能性があります。いじめ防止法の建て付けからは、こういった事態も織り込み済みのものなのかどうか、それは起きるはずのない絵空事《えそらごと》だと考えているのか、最初から深く考えてもいないことなのかどうか。私は学校と保護者のトラブルや関係づくりの研究をしていて、同時にこの1年間いろんなところで「いじめ」をめぐるトラブル事案を見たり相談されたりして、いくつかの学校で起きる可能性がある、いやすでに起きていることを危惧《きぐ》しています。その意味ではいじめ防止法は、その生みの苦しみのプロセスの中にあるのか、いかがでしょうか？

この事例でもXが野球部で「お前もたいがいにせえよ」って言ったことが消えていって、結局、何が事実なのかわからなくなる。学校は成長に伴うあつれきだと見る、でも親はそうは見ないことも多い。これが一つの典型だろうと思うんですね。しかしそれでも瀬戸先生の感覚では、親の代理人を務める弁護士としては、親の気持ちをどこかで汲《く》みながらいくしかないという形になるんでしょうか？

瀬戸　一応はその調子で聞くでしょう。ただ、やはり子どもがいる話だから、当事者の子どもさんからも時間を取って必ず話を聞きます。お子さんの話の結論で、親が言っていることは一面的すぎて、もっと多面的ないろいろな経緯があるようなことが言える案件であれば、そのことを親に話すということにはなるんでしょうね。

小野田　親は「いじめ」だと思っていたとしても、学校としては「ここまでやりました。これは成長に伴うあつれきです」としか言いようがないと考えてよろしいですか？

瀬戸　いままさにそうなってしまっているけれども、そうするしかないんじゃないんですか。ただし、一定の水準を超えた調査はしなければならないから、そこの義務を果たすというところで。逆にエピソードの積み重ねがあればそれで判断してもらいます。「第三者の意見でやってもらった方がいいです、それで結構です」と。「事実はちゃんと記録されています」と言って学校側は見守るのかなという感じはしますけれど。

小野田　私が全国の講演先で聞く中でも、似たようなケースはすでに起きています。学校側が過剰反応しているところもあります。いま、この時点で、学校や教職員、そして教育委員会に、最も伝えておきたいアドバイスは何でしょうか？　先ほどの話にも出ましたが、私は学校や教師が事実を淡々と正確に書く「記録の取り方」がポイントになると思っています。

瀬戸　当面はそれ以外ないと思いますよ。それこそが学校の〝法化現象〟ですが、客観化した事実を記録するスキルと習慣を根付かせることでしょうね。それによって学校としての事実・エピソードの把握整理をしておくことが大事ですね。

小野田　そのようにしていくつかの事案の判例を積み重ねる中で、一定程度の水準が決まってくるというところでしょうか。学校の先生や教育委員会の人などに対してアドバイスをいただけますか。

瀬戸　これまでの教育裁量に大きな枠をはめることになる大変な法律ができてしまったものですから、学校や先生方には本当にご苦労が増えたと思います。弁護士の立場からみると、学校でも事実に関する客観的な記録がしっかりできていればと思います。被害者・加害者の親が両方出てくるわけですからね。まずは「事実はこうです」と本人に上手に伝える、それ以上何かあったならば「加害側・被害側でやってください」と逃げてもいいし、「後は裁判所の判断に任せましょう」との姿勢もありうるのかもしれませんね。後はそれらに任せて、本分の教育活動に専念してもらいたいものです。

今後の課題

小野田　いじめ防止法は3年以内に見直すことが規定されています。この見直しの方向性として、瀬戸先生はどんなところがポイントになると考えておられますか?

瀬戸　被害の方でも加害の方でも、子どもの意見をちゃんと聞きとって尊重する、そこのところが重要なことですね。「子どもの意見尊重」を条文に新たに規定することで、見えてくることが違ってくると思いますね。この法は子どもそっちのけで親対親と学校教員という感じが中心ですから。

小野田　これまでの処理や対応とは相当に異なる課題が学校現場に持ち込まれることになり、親同士の関係性での変化も生じるかもしれない、いろいろな問題点をもっているいじめ防止法ということですね。本日はお忙しい中を、ありがとうございました。

（2014（平成26）年6月27日　いぶき法律事務所にて）

［プロフィール］
瀬戸 則夫
（せと のりお）
いぶき法律事務所・弁護士。長年、子どもの人権問題に取り組み、日本弁護士連合会子どもの権利委員会委員長や川西市子どもの人権オンブズパーソンなどを務める。

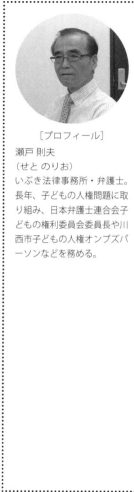

小野田研究ノート

01

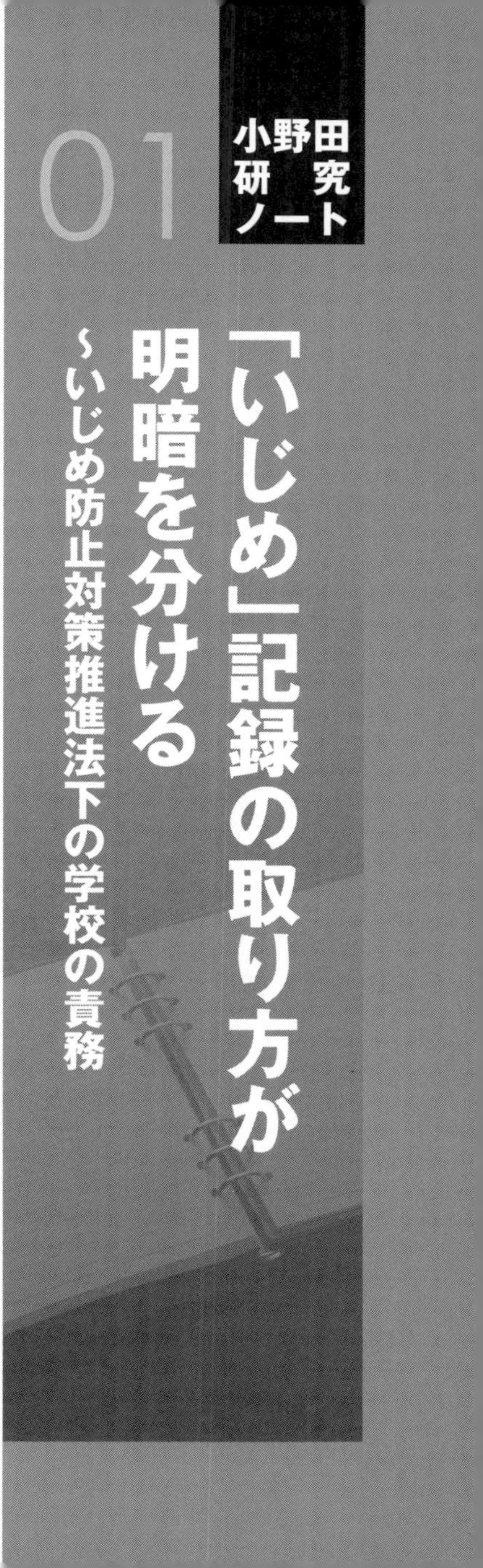

「いじめ」記録の取り方が明暗を分ける

～いじめ防止対策推進法下の学校の責務

事実認定にとっての「記録」の重み

一般的に裁判という場においては、原告・被告双方の主張を整理した上で、「理由」というかたちで裁判所としての判断がくだされるものであるが、この際に前提となる事実の確定が極めて大きなウエイトを占めている。双方に争いのない事実がどの程度かを確定させ、争いのある事実を整理して、あとは法律論としての判断が主となる。しかし殊《こと》に「いじめ」問題が争われる場合は、いつ・どこで・何が起こったのかの確定そのものが大きな争点となっていくことが多い。記憶や善悪の認識の度合いが不十分な場合もある成長過程にある子ども同士の絡む問題という特殊性もあるが、主としてその舞台となることの多い学校という場で、教師がつかんでいる事実を正確に具体的に示せないことが往々にしてある。それゆえに裁判の審理過程では、判断に入る以前の段階としての事実認定そのものに膨大な労力と時間を費やすことになるだけでなく、おそらくここでの事実の確定が、判決理由そのものを大きく左右することになるといっても過言ではないように思う。

残念ながら、多くの教師は事実の整理がヘタである。教師は一つの職業的特性として、学びの上での成長や集団的な学校生活への価値観から「あの子にはこう育って欲しい」という願望や「この子はこういった課題を抱えている」という一定の先入観が先に立って、問題状況を理解してしまう傾向を持っているように思う。そのことは確かに教育実践記録を書く場合には、極めて厚みのある基礎データにはなるが、いったんコトが起きた場合の事実の整理には、マイナスに作用することになりがちである。そして抽象的あるいは感覚的な表現が多く、具体的なことがわからないことが多い。

この頃、保護者対応の問題で相談を受けることが多くなった。A４用紙で5枚も6枚も、コトの経過を書いた用紙が事前に送られてくることがある。すさまじい事例ではあるし、いかにその案件で教師が困り果てているかもわかる。しかし臨場感は伝わってくるのだが、感情がこもり過ぎているため、誰が何をどんな背景でいつ行ったたかがわかりにくい。このため面談ではさらに1・2時間を費やして、特に時系列で語ってもらって、ようやく全体像がつかめたということも多い。この時系列という、順を追って整理するという方法も教師としての課題なような気がする。

教師の実践記録のあり方が問題だと言っているのではない。優れた実践記録の中には、子どもたちの躍動感が湧《わ》き出てくるような、その教室の状況を彷彿《ほうふつ》とさせるものがある。それはそれとして極めて価値があるが、ここで大事となるのは事件やトラブルの際に役立つ=必要な記録の取り方のことだ。いったん法廷にコトが持ち出された場合に成否を握るのは「事実認定」であり、それゆえにいかに正確な事実記録が蓄積されているかが大きな意味を持つことを厳しく自覚しておく必要がある。

いじめ防止法による〝法化現象〟

なぜ冒頭からこのようなことを述べたかといえば、2013(平成25)年夏までは多少は無自覚でもよかったかもしれないが、同年秋からはそうはいっていられない事情が発生したからである。それは議員立法として提案されていた「いじめ防止対策推進法案」が、7月の参議院選挙直前になって急速に、6月18日に6党(自民・公明・民主・維新・みんな・生活)協議が成立して、丁寧で十分な審議もなくすぐさま6月21日に可決成立し(反対は共産と社民)、9月28日から施行に入ったことを指す(※以下、「いじめ防止法」とする)。

このいじめ防止法の〝建て付け〟は、まったくお粗末《そまつ》である。拙速《せっそく》であった上に、現代のいじめの現象と本質が十分踏まえられていないまま「いじめ」定義がなされ、「被害者」に対しては支援、「加害者」に対しては指導という二者間の対峙《たいじ》的な扱いをしているという問題点がある。そして多くの法的責務の遂行は、教育委員会や私学の設置者よりも〝学校そのもの〟に課せられている。第22条の「いじめ対策委員会」の設置をはじめ、「学校は……するものとする」という項ですべてが構成されている第23条の「いじめに対する措置」は確かに重要ではあるが、あまりにも学校の現在の権限と能力では履行が不可能ではないかと思われるような負荷を前にしたとき、私は暗澹《あんたん》たる思いを持つ。

問題となる「いじめ」は許されないことであり、それゆえに徹底的に被害者の子どもを守り、学校という場だけでなく、子どもたちの世界全体で人権の尊重と他者への理解を培《つちか》う営みが必要である。しかし同時に子どもの世界には、発達途上における子ども同士の摩擦が生じることは常にあり、子どもはそれらを一つひとつ乗り越えながら、よりよい人間関係を学びおとなになっていくものである。

ここにいじめ防止法というレールが厳然と敷かれた。子ども同士のトラブルでは、これまで中心的位置を占めてきた「教育的な解決」（当事者同士の謝罪とその受け入れ）が後方に引っ込み、むしろ「法的な解決」（○月○日△時△分の時点で、どちらが「加害者」でどちらが「被害者」であるかを明確にして対峙的に処遇する）が中央に置かれた。正《まさ》しく〝法化現象〟が学校教育と子どもの世界に浸透し始めたのである。

残念ながら法律として成立してしまった以上は、3年以内に法を見直す（附則第2条）際に、もう少しまともな改正になることを強く望みながら、ここでは学校という場で、教師が〝覚悟〟しておかなければならなくなった「いじめの訴えがあった場合の記録の取り方」について述べることにする。

事実と自分の意見はわけて書く

ひとことで言うなら「感情を抑《おさ》えて、無味乾燥《むみかんそう》な表現で、事実を淡々《たんたん》と書く」ということになるだろう。例えば家庭訪問に何度行っても、不在のままのことがある。明らかに「居る気配はする」のだが、インターホンを押してもドアをノックしてもまったく応答がない。都合《つごう》が悪いからと思って、密かに扉のドアスコープから様子をうかがっているようだという「確信」のようなものがある。そのときに「何回も訪問をしたが、居留守を使っていた」と〝記録〟してしまうことはないか？　ちょっと待った！「居留守」かどうかは、訪問した教師の側の判断（つまり憶測《おくそく》）ではないのですか？　本当に誰も家人が居なかったかもしれませんねぇ。骨折り損という意識や、ここまで足を運んでいるのに「何だぁ！」という思いが記録に出てしまう傾向はないか？

事実を書くという場合は、次のように心がけるべきだろう。「〇時〇〇分頃、Aくんの家に到着。3分間ほどにわたって、玄関のインターホンを5回ほど断続的に押したが、応答もなく誰も出てこられなかった。しかし、家の中の電灯は薄暗いものではなく、煌煌《こうこう》とついていて、電気メーター（※その場で見られる状態の場合）はグルグルと回っていた。なお駐車場にはナンバープレート□□××番の車があった。その後、5分ほどして同じ事を繰り返したが同じだったので、△時△△分頃に学校に戻った」

いじめ事案で、関係者（児童生徒）からの聞き取りが必要になる。その際に、特に「いじめていると思われる側」からの事情確認をしている場合、先ほどの先入観や予断が、記録化によくない影響をもたらすことも多い。「はは～ん。コイツ明らかに嘘をついているなぁ。自分の行為を正当化したり、加害行為を小さく見せようとしているなぁ」と思いながら訊《き》く傾向はないだろうか？　すると、それが記録に残ってしまう場合がある。実は、最初はいくぶんの嘘が混じっていたかもしれないが、後半に言ったことは本当のことで、後になって、実は被害者の側がつくり話をしていたということも起こりかねない。

その時点で、児童生徒が言ったことも「事実」だ。軽んじたり無視したりしてはいけない。それをある程度正確に記録化することが必要だ。そのことに対する自分の意見や思いは、聞き取りを終えてから、あとで足して書き加えておく。混同して書き込まないことが重要だ。

一つの方法を言えば、まずノートを開く。そこで左側の頁に、記録を淡々と取っていく。右側の頁は白紙のまま、次の頁も左側に聞き取りの記録を書く。右側の頁は、その後に「自分はそれについてどう思ったか?」「今後の見通しをどう立てるか?」といった意見や感想を書き込む。記録として提出するのは左側の頁の方だ。右側は、訊かれたら「自分の考えや思い」として述べればよい。

「うろ覚え」をたぐり寄せながら「推測」を加えて語ろう(説得しよう)とする教師には、子どもも保護者も信頼を置くことはない。しかし簡潔なメモであったとしても、事実記録を丁寧に残していて、それらに基づき「いじめ」の経緯や実態を語り、教育指導上の行為や判断を説明する教師に対しては、完全には納得できない部分があったとしても「そこまできちんと事実関係を学校側が押さえてくれているのであれば」と、それ以上のトラブルに発展する度合いは格段に減るだろう。

最初の聞き取りは丁寧に

「すべてを記録しておくなんてできない。いまの学校現場は超多忙で大変なんだ」と腹を立てられる方もいるだろう。すべてを記録しよう、なんてことではない。聞き流すだけの話、ちょっとメモぐらい取っておくかの訴え、忘れないでおくために教務手帳に書いておく情報……。その程度のことは大仰《おおぎょう》に構える必要はない。しかし私は児童生徒を個室（空き教室）などに呼んで、ここはきちんと記録に取っておく必要があると思われる際の事案のことを述べているのだ。もちろん最初はメモ書き程度の事案が発展する中で、途中段階からは上記のように「腹を据《す》えて」取りかからなければならなくなる事案の場合である。

いじめ事案では、ぜひとも最初の「聞き取り」の場を大切にしてやって欲しい。それは子どもからの訴えの場合でも、保護者からの相談でも同じだ。むろん「いじめたと目《もく》された子ども」からの行為の確認の場合もそうである。「ろくすっぽ話を聞いてくれなかった」「けんもほろろに扱われた」という感情が、たいした事案でもないことを、2次トラブルに発展させてしまうことも多い。多少の時間がかかっても、1時間ぐらいはじっくりと向き合うことが大切だろう。必ず複数の教師の同席の下で。

先ほどのノート記入の場合でも、必要に応じて「児童生徒の参加型」で記録化する方法もいい。「このとき、Aくんがここに立っていて、Bくんがそこに居たんだよな。Cくん、君はそのあとどうしたんだい？　この図に書いて説明してくれないか？」と語りかけ、書き込んでもらって「なるほど、そこでそういうことになったんだね。間違いないかい？　そのときにCくん……君の気持ちはどうだった？」と、さらに内実を確かめる方法もある。

いずれにせよ、まず記録者個人の主観的判断や感想をできるだけ排して、客観的で正確な表現で記述することに努めるべきだろう。むろん教師は人間だ。警察の「取り調べのような一定の目的」が主たるものとなっているわけではない。感情もあるし、思いもある。それゆえ児童生徒や保護者が、思いの内を語ってくれることもある。そこから見つかる「真実」も確かにある。しかし基礎的な資料や根拠となる事実として残すために、教師の性《さが》の部分を抑制する必要がある。

重大事案が起きてしまったら

記録の仕方と並んで、ある重大事案や事件が生じた場合（※これはいじめ防止法にいう「重大事態」（第28条）だけを指しているのではなく、危機管理上の喫緊《きっきん》で組織的な対応体制を組まなければならない事態のことである）、どのようにして事実確認をするかにかかわって、学校が陥りやすい問題点について強調したい。それは単刀直入《たんとうちょくにゅう》に言えば「すぐに集まって協議するな！」である。

かなり驚かれたかもしれない。事実がどうなっているかの確認をするために、関係職員が情報を持ち寄って協議するのは当たり前じゃないかと思っておられると思う。ここで述べるのは、ただ単に日頃の懸念や不安な事案について、教職員が「個別に認知した情報」の記録の仕方ではなく、「重大事案が生じた場合における記録の仕方」と「集約方法」のことを指している。

過日、ある高校の校長から、自宅で生徒が自殺したことにかかわって緊急のアドバイスを求められた。その際にいくつかの助言をしたが、記録と事実の確認にあたっては、次のように留意して欲しいと強調した。「まず教職員一人ひとりが、その日の学校でのその生徒の様子、さらには1週間ほど遡《さかのぼ》って、直接見たこと、他の生徒などから聞いたこと、それらから感じたり思ったりしたことを、誰にも影響されずにおのおのが個別の用紙に記録し、固定してください。会議をするのはそれからです」と。事実の確認作業は、それらを持ち寄る中での協議で、確実な部分と不確定な部分、そして不明な部分をはっきりとさせていくことにある。

重大事案では、混乱の中で動揺したりうろたえたりすることが多いだろう。だからこそ、個人の冷静な記憶の固定が肝要なのだ。すわ一大事というときに、往々にして学校に限らず組織や団体は、すぐに集まって、事実確認と称して経過の報告をさせようとする傾向がある。その際に、どうしてもよくしゃべる人間の発言に影響されて経緯がまとめられる傾向がある。その内容と結果がそのまま外部に伝えられる。そこに落とし穴がある。声が大きい、リーダーシップをとっている人の意見に誘導されないようにすることだ。そうすれば、こちらの都合のいいように話を組み立てることによる後々の混乱を防ぐことができる。曲解や捏造《ねつぞう》あるいは隠蔽《いんぺい》をしないためにも。

これまでとは違う状況の中で

教師からすれば前記のことは、これまでの常識とは相当に違う内容の連続であり、ずいぶんと戸惑われたかもしれない。①自分の意見や感想は別に置いておいて、事実を淡々と、いつ・どこで・誰が・何を・なぜ・どのようにという5W1Hを中心に、特に時系列で記録していくということ――それは子どもたちの成長を保護者とともに喜び、人間同士の豊かな交流の中で育まれる信頼を大切にしたいと考える教師にとっては、最も遠いところにある心構えであろう。

しかし2000（平成12）年の児童虐待防止法の制定以後において福祉の領域では、どのような事実があったのかを把握して記録として残すことが進められてきた。今度は学校もその任務を負うことになった。つかんだ事実や学校のおこなった行為を整理しておくことが、その後の第三者的立場からの検討や裁判所での判断にとっても極めて大きな意味を持つからである。

そして②事実の隠蔽や捏造をしないためにも、不幸にして重大な事案が発生してしまったときには、まず個人の段階で記憶と情報を固定し、事実の確認作業はその後におこなうこと――それは声の大きな者の発言に誘導されて、誤った事実が形成されないようにするためである。

この2点は、単に学校や教職員の立場を守るということではなく、真実を明確にして、子どもたちを護《まも》り、保護者からも信頼される学校にしていくために最も重要なことになるだろうと思う。

04

対　談

「教育権」を守る教育委員会制度へ

―教育と教育行政を住民の手に取り戻す―

× 坪井 由実

愛知県立大学教授

中教審答申をどう読むか

小野田　教育委員会制度「改革」は、２０１３（平成25）年12月13日に中央教育審議会（以下、「中教審」とする）の答申が出され、通常国会に上程が予定されています。坪井先生は教育行政学者として約40年にわたってアメリカの教育委員会制度の研究を重ねてこられ、現在は日本教育行政学会会長を務めておられますが、一連の流れや答申内容について、どのようにお考えですか。特に、中教審答申では、首長部局への教育行政の移管が主流です。現行の教育委員会制度を部分的に手直しした「別案」も併記されていますが、基本は、教育長は「首長の補助機関」となり、教育委員会は「首長の特別な附属機関」となる提案がなされていますが。

坪井　答申を読んで、首長が教育行政の権限を握るという大義名分の議論がほとんどで、保護者と先生、学校と教育委員会の関係をどうするかという議論は付け足しのように最後の方に置かれている。教育統治の主体は、保護者であり、住民一人ひとりであるにもかかわらずです。それと、市町村長が教育行政も支配できるのは、選挙で選ばれているのであるから当然という考え方が前提になっているようですが、本当に市町村長が公教育にこのようなかたちで介入することに正統性があるのでしょうか。議会政治のしくみからは相対的に独立した、教育委員会制度の意義をまったく無視していますね。教育の自主性を尊重した教育委員会制度と保護者住民の学校への直接参加民主主義の理解が決定的に欠けています。教育行政権限を行使できるとする根拠は、政治的代表制を絶対視するのではなく、子どもの学習権を保障するにふさわしい機関であるかどうかが重要であり、また「代表制」ではなく直接参加民主主義を基本としている点に、公教育事業の特徴があります。

教育行政における首長権限が強化された場合、住民の選挙で選ばれた市町村長は、自分の掲げた教育政策を実現しようと、市町村立学校の教員に対する統制をこれまで以上に強めるでしょう。この場合、一般の代表制民主主義の考え方からすると、市町村長の進める教育政策に反対したり、学校教職員が保護者と協働で教育計画を策定し学校改善を進める教育自治の営みが、首長の教育方針と齟齬《そご》（くい違い）をきたしたりした場合、住民が選んだ首長に逆らっているかのように映るかもしれません。あげくに、教員の独善的閉鎖的集団の横暴と非難されかねません。そうではなくて、教職員が保護者・住民に直接責任を負って教育をしているという直接責任原理をきちんと評価してください、と言いたいですね。これこそ、教育の政治的中立を保障する道ですから。

答申の「はじめに」では、「いじめによる自殺など重大事案が生じた場合に、教育委員として果たすべき役割を明確にできず、教育長及び事務局、学校という専門家集団の対応を住民目線からチェックするという役割を果たせない場合もある。このような状況が50年以上の間続いてきたことが、先に示された責任の所在の不明確さ、審議の形骸化、危機管理能力の不足といった教育委員会の課題の原因となっていると考えられ」るとありますが、これを読んでびっくりしましたね。戦後教育は「無責任」体制だったと。現行制度でも地方教育行政の組織及び運営に関する法律24条で首長の権限が明確にされているし、教育委員の任命責任もある。責任は明確で、この間その責任を首長が十分果たしていないことも明らかであるにもかかわらず、それを棚に上げ、無責任だというのは無責任ですよ。基本的に、教育行政の責任と教育の責任をまったく混同していると思います。

「教育の責任」と「教育行政の責任」の違い

小野田　今回の教委「改革」論議の大きな発端は、2011（平成23）年10月の大津市立中学校でのいじめ自殺事件での学校と教委の対応問題でした。その後に2012（平成24）年12月の大阪市立桜宮《さくらのみや》高校での体罰事件、そして学力テストでの順位競争といったように、確かに教委制度とは関係しますが、そもそも学校に対する「管理」（設置者管理主義）と教職員の服務監督をめぐる〝指導〟や〝助言〟の問題だったものが、教育委員会制度そのものが欠陥構造で問題があるというようにすり替えられていったと、私も思っています。

いまおっしゃられた教育行政の責任と教育の責任について、先生は以前から「教育上の責任」と「教育行政上の責任」は違う、混同されていることが問題だとおっしゃっていますが、詳しくお話しいただけませんか。

坪井　日本の場合、教育と教育行政の接点の問題意識が非常に貧弱で、この問題を考えようとしない。これまで受け継がれ確認されてきた戦後教育行政改革の3原則、つまり民主主義と地方分権と教育の自主性のうち、教育の自主性の原則が期待しているのは、教職員の子どもと保護者に対する直接的な教育責任であって、教育行政は教育内容に介入してはならない、不当な支配をしてはならないという原則です。教職員には、子どもの学習権を保障するために、保護者とともに創造的な教育活動を展開していく自由と責任があります。我々はいままで、教育の自主性の原則に基づいて、独自の行政委員会である教育委員会を設けることの意義を確認してきたし、任命制に変わっても合議制の行政委員会として教育委員会制度を維持してきたわけです。

ところが今回、どのようにしたらいじめや不登校の問題の改善を図っていくことができるのか、教職員の活動を支援しうるのかは、現在の教育委員会制度の下でも充分に考えられる問題にもかかわらず、首長の権限を強めて教育委員会の権限を縮小するというかたちで出てくるのは、やはりものすごく政治的であり、憲法が保障する「教育の地方自治」への不当な介入以外のなにものでもないと断言できます。

小野田　なぜ改革しなければいけないかという議論が、最初から飛ばされていると。中教審の議事録を読んでも、東京大学の村上裕介さんの調査報告で、「貴自治体の教育委員会は制度の趣旨に沿ってよく機能している」の設問で、首長の7割弱そして教育長の8割強が「そう思う」と答えていて、いまのままでいいと言っているのになぜ変えるんだという話ですよね。

坪井　賛成していないのにどうしてこういう結論になるのかと。大津の調査報告書を見ても、教育委員会を廃止せよなんて言っていませんね。政治的中立性と言いながら、いかに政治的なことをやっているか。この政治の本質は、小野田さんが言っているように、2006（平成18）年の教育基本法改正のバージョンアップ、その先にある憲法改正であることが、あらわになってきています。

小野田　2013（平成25）年12月13日に施行された国家戦略特別区域法では「地域社会の風景が変わる」ことを目的として、教育分野では公立学校の管理を民間に委託することが大きな方針となっていますから、その際に教育委員会が抵抗する可能性が高く、邪魔になるから潰《つぶ》しておこうという側面もあると私は思っています。

いま坪井先生が言われた「政治性」についてですが、興味深いのは、2013（平成25）年12月14日に、つまり中教審答申が出た次の日ですが、NHKの「時論公論」という10分間の番組で「どうなる教育委員会」というテーマで西川龍一解説委員が次のように述べていたことです。

《分科会では、今回の改革の発端となった中学生のいじめ問題が起きた大津市の越《こし》市長が、意見を述べました。大津市教育委員会は、市の第三者委員会の報告の中で、今回のいじめ問題について、「当初から調査を行うことに考えがない」「学校に丸投げしている」などと、対応のずさんさを厳しく指摘されています。越市長はこれを根拠に、教育委員会制度自体の限界だと訴えました。

しかし大津のようなまれなケースを制度全体のせいにしてしまっていいのでしょうか。議論の形骸化や事務局の追認機関になっているという批判も、教育委員会制度本来の趣旨が廃《すた》れてしまい、当初構想された理念が実現されていないことの問題です。

何らかのかたちで対策を講じることは必要ですが、住民の意向を吸い上げるための方策や、委員会での議論を活発化することこそ、求められる改善策ではなかったのでしょうか。分科会は、教育委員会制度のどこをどう改革すれば、子どもたちにとってよりよい学校に改善できるかを考える場であったはずなのに、議論を傍聴していると、そうした視点はいつの間にか消えてしまったようにすら感じました。

戦後アメリカに押しつけられた制度だから改革をせねばという意識や、予算を握る自治体の長が教育行政に口を出しやすくすることは当然だという長側の権利意識が強調され、メリット・デメリットは議論の中で浮かび上がらないまま両論併記では、中教審の存在意義こそ問われかねません。（中略）

強引な制度改革は、教育現場に常に学び続ける子どもたちがいる中で、禍根《かこん》を残すことになりかねないことを忘れてはならないと思います。》（ＮＨＫのホームページより）

当初の議論の仕方が逆転し、極めて政治色の強い改革論議ではないか、と指摘していました。

さて、責任の問題に戻りますが、このような議論の仕方での教育委員会制度「改革」案だと、もしいじめ自殺事件が起きたら首長が辞めるのか？　それだけの責任を負うのか――と。論理的にはそうなりますよね。首長が権限を持ったら、不登校児童生徒がゼロに近くなり、非行や暴力問題も半減し、学級崩壊も小1プロブレムも起きなくなるということが証明されなければいけないと思うのですが。

そもそも、およそ責任も持てないのに「責任を持つ」という議論だけが横行しているのがすごく大きな問題で、本当は個々の学校レベルでどのようにして風通しのいい学校をつくるか、いじめや自殺事件があったときに、どのようにして丁寧に事実関係を洗い出して、いかに再発を防ぐかという議論をしなくてはいけないのに。坪井先生が言われるように、教育上の責任と教育行政の責任が明らかに混同されていると、私も思います。

坪井　頭下げて申し訳ありませんでしたと謝罪しても、問題は何も解決しない。学校現場からもっと遠い首長に権限が集中すると、現実的には首長が教育長を処分するという教育行政上の「責任」の取り方にならざるを得ない。そうなると、教育長はもっぱら市長の方を見ることになりますね。教育長はもともと教育委員会の補助機関ですが、市町村長に対する助役のような単なる補佐役ではありません。教育長制は、住民代表で構成する教育委員会を専門職員の配置により補強しているのであり、教育委員会と教育長との一体的協働関係が、自治体教育行政の民主性と科学性を確保する上で極めて重要なのです。今回の改革案は、こうした教育長の本来の性格を一変させ、まさに市町村長の「補佐役」になりさがり、教育委員会事務局の指導主事も、上意下達《じょういかたつ》の官僚的で非常に政治的にならざるを得なくなるのでは、と危惧《きぐ》しています。

小野田　いままでのお話は結局、「教育行政の責任」とは何かということに行き着くのですが、その点について改めてお聞きしたいと思います。

坪井　教育行政の責任とは、教育条件を整備することや、良質の支援、指導助言活動を通して、教育の自主性を徹底して守ることです。故・金沢嘉市《かいち》先生は、かつて「校長である私は教育行政の不当な支配に対して防波堤になる」とおっしゃっていましたが、市町村教育委員会は学校の自主性を徹底して守り、かつ問題が起きたときにはさまざまな手法で二度と起こさないように原因を究明するとともに、予防的な措置を含めて対応していくことが期待されています。学校の先生たちの創造的な教育活動に必要な教育条件整備のために、しっかり予算を確保し、執行する責任があります。この点では、教員はじめ教育福祉関係専門職（スクールカウンセラー、スクールソーシャルワーカー、言語聴覚士など）を適正に配置するなど、国は学校制度基準を適正に定めるとともに、それを超えよりよい条件整備（教員の単独加配など）に努めている自治体を奨励し、「教育の地方自治」を尊重していく責任があると思います。

それから、教育行政が責任を果たしていく上で、教育長の（地域）代表性を高めていくことも重要だと思います。そのためには、資格制度をつくったり研修をしたりするだけでは不十分で、選び方も重要になってきます。教育長を選ぶにあたっては、自治体の教育関係者がきちんと面接するか、あるいは選考委員会のような機関を設けて、子どもの声や保護者の願い、地域の課題を理解しているかどうかなどを基準に選ぶ。米国のボストンでも、1991(平成3)年に教育長は市長による任命制に変えられましたが、このような教育長選任過程における豊かなコミュニケーションの中で、教育長の代表性を高めていく手続きが大切にされています。

アメリカの教育委員会制度研究―教育委員会で子どもの学習権を護る

小野田　先生は名古屋大学大学院時代からの研究テーマを、アメリカの教育委員会制度とされてきました。その研究の問題意識としては、わが国の教育委員会制度に対する課題意識が強くあったことが関係していると思います。そのあたりの経緯をお聞かせください。

坪井　私の大学院修士論文のテーマは「ニューヨーク市教育分権化政策分析」で、1970(昭和45)年にニューヨーク市教育委員会が32の地域教育委員会に分権化される過程を分析しました。この改革のきっかけになったのが、1968(昭和43)年のニューヨーク市教員組合による3ヵ月におよぶストライキでした。当時すでに、ニューヨーク市の公立学校のマジョリティは非白人でしたが、校長はじめ教員の圧倒的多数は白人でした。公民権運動が燃え盛っていたときでしたので、新しい都市公立学校の住民の運動は、「アカウンタビリティ・ドライブ」でした。これは、教育委員会や学校は、もっと私たち親の願いに応答的になれというものです。しかし、当時は教職員との対立も深まるばかりで、自分たちで教育を管理するというコミュニティ・コントロール運動に突き進んでいきました。そして、オーシャンヒル・ブラウンズヴィルでは学校管理委員会を自分たちでつくったのです。自分たちで校長も先生たちも選んで学校を運営していった。これには、教員も身分保障をもとめてストライキで対抗したわけです。

ここで私が肌で感じとったことは、米国市民の「私たちが学校をガバン（統治）している」とか「教育委員会によって、子どもの学習権を護る」という感覚や教育統治能力です。米国における人民主権の教育統治論は、子どもの学習権保障や親の教育の自由を損なうような（学区）教育政府はいつでも廃し、新しい教育政府ないしは教育統治形態を選び創ることは人民の権利である、という考え方が徹底しています。教育委員会制度は、教育人権を保障するための教育政府として生成発展してきたのです。教育統治論は、一人ひとりの自己統治から組み立てられており、教育統治主体である保護者と学校とのダイレクトな関係が最も重視されています。直接参加民主主義が大原則になっています。そして、常に学校地域における教育自治が基本にすえられています。

ちょうど、同じころ、１９７０年代の半ば、東京都中野区では区教育委員会による校舎の建築計画をめぐって、子どもたちの運動場が日陰になってしまうとして、教育委員会に計画の見直しを求める運動が起こりました。しかし、教育委員会は応答してくれませんでした。ここから１９７８（昭和53）年の中野区の教育委員の準公選制（※教育委員の選任にあたって、事前に住民による選挙を行い、その結果を尊重するという制度）に結実していく運動が始まりました。同じころ、関西の高槻市でも同様な準公選を求める運動がありましたが、条例制定にいたりませんでした。いまは、いじめや体罰の問題で教育委員会が保護者の願いにきちんと応答していないことが問題になっていますが、１９７０

年代から80年代にかけては、教育委員会を廃止するという方向とはまったく逆で、教育委員会を住民の手に取り戻そうという運動に発展していったのです。

当時は、教育委員会は国家の下請け機関としての役割を担わされていると同時に、教職員や保護者の願いに応えていく機関でもあるという、いわば二重の性格を持たされているというのが、教育委員会制度を研究している私たちの制度認識だったと思います。そして、準公選の教育運動は、その当時から、「教育と教育行政を私たちの手に」というのが共通の目標であり、そこでは、「教育委員会を自治体の教育づくりのセンターとして育てていこう」という気持ちがとても強かったと思います。ですから、米国だけでなく、「教育委員会で子どもの学習権を護る」という考え方は日本でも芽生えてきていました。私が、守り発展させていきたいと思っている日本の教育委員会制度もこのように子どもの学習権を保障し、市民の願いに応答性をもった教育委員会です。

小野田　アメリカの教育行政についてお聞きします。そもそもアメリカにおいて、なぜ教育委員会のような制度が立ち上がったのか、学校のガバナンス、あるいは教育に対する統治のシステムとしての教育委員会制度の本質など、歴史経緯を含めて教えてください。日本では市町村や都道府県のような行政単位で学校ができているわけですが、アメリカではスクール・ディストリクト（学区）ですよね。

坪井　米国人民は、独立革命の中で、一人ひとりの自治（自律と自己統治）が守り発展させられる限りにおいて、タウン（自治体）・州・連邦政府を樹立することの正統性を確認してきました。自給自足の生活の中で、一人ひとりが自らを治める力の形成を強く意識し、さまざまな形態の学校を自分たちで創りだしてきました。18世紀後半、北東部では、地域共同体学校（district school）が普及していました。

父母住民が教場《きょうじょう》を確保し、教師を雇い、燃料を用意し、教科書を採択していたこれらの学校は、地域住民みんなのものでした。各家庭は自分たちで雇った教師を回り持ちで下宿させたりもしていました。

一方、ボストンのような都市的タウンでは、初等教育機関として有償の私塾が普及していました。それらは家庭教育の延長とみなされ、共同的教育行政の埒外《らちがい》でした。このころ、公費で運営されていた学校は、貧困層を対象とした慈善学校でした。この私塾と慈善学校の両者を統一して新しい公立学校（コモンスクール）を創る展開の中で、教育委員会は生まれました。ボストンでは１８２２年、ニューヨーク市では１８４２年のことでした。

この初期の教育委員会の最大の特徴は、教育行政の基礎単位を市やタウンに置かず、地域に学区（教育自治区）を組織し、地域統制（コミュニティ・コントロール）の原理に立っている点です。学区総会により有権者全員の直接参加を保障するとともに、すべての教育行政役員を公選することによって、学区教育委員会の正統性を確保しようとしたのです。私塾にわが子をやっている親たちを公立学校に引き寄せるためには、どうしても自分たちでガバン（統治）できるしくみにしなければならなかったわけです。いまでもニューヨークやボストンの郊外では年度初めにディストリクト・ミーティングが開かれています。

共同統治（shared governance）とは
―教育統治主体である保護者・住民と教職員との協働

小野田　先ほど、教育行政の責任を果たすためには分散リーダーシップ的な発想でガバンしていく能力を高めていくことが必要だと言われましたが、シェアード・ガバナンス（共同統治）についてお聞かせください。２０１３（平成25）年10月22日付の朝日新聞「耕論」でも、坪井先生は「私が注目しているのは、こうした（アメリカの）大都市でも、教育委員会制度の原点に立ち返って、教職員と市民の『共同統治』の流れが強くなっていることです」「日本の改革案の一番の問題は、こうした『共同統治』『双方向性』の考え方がまったくないことです」と主張しておられますが。

坪井　今日の米国教育委員会制度は、「素人による学校統制」の原則から「共同統治」に発展してきている点に歴史的特質があり、私はこの深部の変化に注目しています。初期の教育委員会には、教育行政専門職など皆無であって、すべての教育事務を住民が分担していました。そこから教育長や校長職が教育行政専門職として発展し、19世紀末から20世紀にかけて教育行政専門職中心の教育統治が、能率に最高の価値を見出し、推し進められました。その後、１９６０年代の非白人住民と学校との激しい対立を経て、教育統治主体である父母住民と、学校経営専門職である校長、教授学習活動に責任を負う教職員が、学校ごとに協議体を組織し、校長選考など共同で学校を運営するという実践が広がっています。これが「共同統治」です。父母住民は教育共同体への持続的参加を通して、教育統治・自治能力を高めていく。そして、校長や教職員は、学習主体である子どもの発達要求に応えるのみならず、父母住民の疑問や要求にも丁寧に応え、応答的な関係性を築いていく専門的力量とリーダーシップが期待されています。

教育委員会制度は、素人《しろうと》代表の教育委員会が教育行政専門職である教育長を置き、その助言を得て合議していくという教育行政の民主主義原則に立っています。これに対して、学校教育と教育行政の接点に位置する学校協議会は、教育統治主体である保護者・住民と専門職（校長・教職員）それに学習主体である生徒との直接的な対話により学校を運営し共同統治していく、教育と教育行政の新しい民主主義スタイルが追求されています。

校長がリーダーシップをとり、教師はいつもフォロワーなどということでは、学校改革を持続的に展開することはできません。子どものことをきちんと把握している先生がリーダーシップをとる、ときには保護者や子どもがリーダーシップを発揮する局面もあるでしょう。ニューヨークの場合は学校リーダーシップ委員会がそれぞれの学校にあって、保護者も入っています。共同統治者として信頼を得ている先生たちと一緒に学校目標を決定したり、校長を選んだり、予算を決めたりしています。中等学校では生徒も入っています。

アメリカでは、このように分散リーダーシップ（distributed leadership）に基づく学校自治能力や学校改善能力のことをキャパシティと言っています。これは収容量といった意味ではなくて、分散しているけれどもさまざまな力（認知）が寄り合わさった学校改革力です。ボストンでは、この分散したリーダーシップのことをシェアード・リーダーシップとも言っています。分散リーダーシップは、取り巻く状況次第でさまざまな学校地域構成員が多様に協働していく、非常にダイナミックな学校づくりの基本理念です。

小野田　大きな陸橋をつくるときのロープのイメージですね。非常に小さな綱が寄り合わさって初めて高い強度になるという。1本1本はもろいけれども何十本も寄り合うことで強度が発生する。

みんなが主体ということですね。日本では今回のような答申が出されても、教師や親は自分たちが主体となって受け止めてはいない。世間からすれば「ああ今度は、教委に替わって首長がダメな教員を叱ってくれるのか」と思っている——そんなイメージがします。しかしそれでは受動的で、主体にはならない。アメリカの場合は、自分たちがガバンしている、ガバンという言葉が日常語になっているんですね。

坪井 中教審の答申にも統治論が出てくるけれど、さっき言ったように地域や保護者は最後の方で出てくるに過ぎない。学校を管理する行政の執行機関として教育委員会がうまく機能していなくて、いじめや自殺の問題にも対応できない、だから権限を教育委員会から首長に移すべきだって議論になっている。いじめなどの身近な問題があって、教育委員会によるガバナンスがうまくいっていないのなら、教育人権の主体であり教育統治の主体である校区住民にいったん引き戻して考えるという発想が日本にはない。アメリカでは子どもの学習権を保障して、いのちと安全を守る学校にするためには、身近な校区、学校ごとにきちんとガバンしていく組織をつくった方がいいと、教育委員会制度の原点に立ち返ります。そして、学校協議会を土台にして教育委員会を建て直していくという方向で議論がされています。

もうひとつ、共同統治するのは基本的に保護者と先生だけれども、学校づくりのアドバイザーやスーパーバイザーも必要だと思うんです。日本でもいまの特別支援教育で障がい児教育の研究者や指導主事や言語聴覚士などの専門的なアドバイザーからなるチームが巡回して現場の相談に乗っています。アメリカでもいま増えてきていますが、そういうチームって必要ですね。伝達講習とか指導というかたちではなくて、まず現場の話を聴いて、それに適切なアドバイスをする。高度な能力が必要とされるけれども、そういうチームが学校のガバナンスをしていく上で大きな支援になっていると思います。教育委員会は多様な専門職のチームで学校を巡回し、権力的な介入ではなくて、親や先生たちの悩みや課題に応えるというかたちでの支援力を高める、そういう実践も共同統治の今日的なスタイルになっています。

行政・学校の双方向の学び合いを

小野田　先ほどの双方向性についてですが、日本でもスクールカウンセラーの導入当初は混乱も多くありましたが、やがて定着し、近年ではスクールソーシャルワーカーを配置してケース会議をするという発想と、もう一つは特別支援の関係で困っている現実の子どもについて、チームを組んで支援するという発想が学校にポツポツと定着し始めています。指導助言とは別のかたちで、現実の学校現場をまず見に行って、課題が何なのかを探り、そこで答えられることは答える、答えられないことは一旦持ち帰って、別の専門家とつないでまた学校に戻る、そういう交流関係が始まりつつありますね。

坪井　その点がとても大切です。最近、ボストンでA・セディール副教育長にインタビューに行って驚いたことがあります。まだ30代でハーバード大学の都市教育長養成プログラムの修了生でもあるんですが、彼のオフィスには毎日どこの学校へ行くかスケジュールがびっしり書いてある。毎日視察に行くのかと聞いたら、「視察と言えば視察だけれど、一種のコンサルテーションですよ、それで同じような問題を抱えている学校をつないでいく」って言うんです。ある学校のプロジェクトを別の学校に行って紹介したり、いろいろなかたちでそれぞれの学校をつないでいくような援助活動をしたりしていますと。彼は、ランチタイムに先生たちと一緒に食事しながら相談に乗っているようで、ビジネス・ブレックファーストとかビジネス・ランチを有効に活用しています。

日本では、まだまだ、先生たちがおそるおそる相談に乗ってもらっている。巡回チームに相談すると教師としての専門性に欠けるというマイナスの評価をされてしまうのではないかと思ってしまうわけです。そこのところがまだぎくしゃくしていると思います。率直に悩みを語れる雰囲気（風土）を醸成していくこともこれからの教育行政の役割だと思います。国や市町村長は、こういうスクールソーシャルワーカーなど新しい教育福祉専門職の配置にもっと予算を投入して欲しいですね。先生たちも相談する力やネットワーク的な思考を身につけて、助けてもらいながら教師としての職能成長をはかっていくという文化、風土を創っていくことがこれからは必要ですね。

学校協議会を媒介にして、教育と教育行政の新しい関係性を築いていく際のキーワードは、学校地域の全構成員相互の「主体的で双方向の拡張的な学び（learning）」です。保護者住民に潜在している自己統治能力（ガバナビリティ）を学習的関係性の中で引き出すことによって、学校づくりのキャパシティを高めていくのです。親は「モンスター」などでは決してないのです。全構成員へのニーズ調査に基づく学校教育目標／自治体教育目標の設定や評価の過程にも、教職員、生徒、保護者の学習がある。データに基づく対話が大切です。

このことは、教育委員会と学校との関係においてもあてはまる。教育委員会の政策もまた、学校（協議会）の実践に学び応答していくのです。さきほども触れた、教育委員会（教育長）と学校とをつなぎ、教職員と対等な立場で学校づくりを支援するファシリテーター（支援・相談員）やスクールソーシャルワーカーや言語聴覚士などがチームを組んで新しい専門技術的アドバイザーの役割を果たしていることにも注目したいですね。これまでの指導行政は、学習指導要領のゆとりや学力観の説明など、一方通行でした。
これが、最近では、まず学校の困り感をきちんと聴きながら具体的な手立てを考え、近隣の学校の取り組みとつなぐような支援活動が有効になってきており、教育長や指導主事には、教職員や保護者の悩みを聴き取りながら政策化する力量が求められています。学校地域の全構成員の学習的関係を築き、学校への期待と信頼の風土を醸成《じょうせい》していくことによって、権力を民主的に規制していく力が育っていくと思います。
小野田 まず学校改善の現状と課題を聞き、具体的相談に応えアドバイスするという〝巡回相談チーム〟のようなものが「新しい教育指導行政」の可能性を開くということですね。
坪井 アメリカでは「政策が学習する」って言うんですね。例えば子ども向けの学校評価では、評価項目を学校におろす一方で、学校でも生徒の声を聴きながら独自の項目をつくって提出する。この双方向のやり取りで学校評価の子ども向けの評価表の中身が改善されていくわけです。教科書選びにしても、採択リストに無い教科書でも申請書を出せば使えます。ただし、使い終ってから報告書も出す。その教材を使って楽しい授業ができたのであれば、翌年には教科書リストに付け加わるんです。

教育行政学会の取り組み

小野田 次に、教育行政学会の会長としての坪井先生に伺います。この先、教育委員会が廃止された場合、教育行政学会のあり方も当然変わらざるを得なくなると思います。つまり、教育委員会制度は教育行政学の研究対象の半分以上を占めていたと僕は思うんですね。いまの段階でどのようなことをお考えになっていますか。

坪井　いま決まっているのは、3月16日の公開研究会の開催で、私も問題提起をし、学会員が報告して、市民のみなさんと議論する予定です。教育委員会制度自体は教育行政の問題であっても、教育基本法の改悪以来の流れの上にある問題なので、日本教育学会の後援もいただきながら開催することになっています。

　憲法や子どもの権利条約に基づいて教育行政のあり様を民主的に規制していきながら、よりよい教育科学的な政策を導き出すにはどうしたらいいか、それぞれの自治体が教育統治能力を高めていくためにはどうしたらいいか、さまざまな教育行政実践と緊張関係を持った学会にしていかなければならないと思っています。学会の会員の中には教育委員や教育委員長を務めている人たちが何人もいますし、教育行政の専門家として教育委員会活動の評価委員をしたり、自治体の教育振興計画づくりにかかわっている研究者も多い。そのことを学会発表の折に自己紹介で触れることはあっても、自身の活動を教育行政研究のまな板に載せ、研究実践として発表し合う機会はいままであまりなかったと思います。今後はきちんと交流できるような場をつくりたいですね。

　また、市町村教育委員会が直面しているいじめや不登校の問題や学力向上課題などについて、教育委員会活動の実践交流ができるようなワークショップも設けたいですね。そして、市町村及び都道府県教育委員会の教育委員さんや教育長さんはじめ指導主事の皆さんも学会に積極的に参加くださり、是非、任期中だけでも加入していただき、学び交流する機会を増やしたいですね。

小野田　教育行政当事者としての責任と、研究者・学者としての責任の両方を合わせるかたちですね。

坪井　そのときに、いままでの教育行政学のさまざまな知見はもちろん重要だけれど、憲法や教育基本法、子どもの権利条約に基づく教育行政組織と運営に関する法規範意識を一人ひとりが持つべきだと思っています。いま、教育行政学会では若手、中堅を中心に、行政学や経済学、政治学など、隣接の学問領域の研究成果や研究方法に学びながら教育行政学の研究をすすめている会員が増えています。このことはとてもよいことだと思います。教育行政研究者として、教育委員会制度改革とどう向き合うかは会員一人ひとりに問われていると思います。そして、憲法や教育基本法、子どもの権利条約などに基づき、教育行政学が探究する基本的教育価値が一人ひとりに問われる時代になってきていると思います。米国の教育行政学のテキストでは、しばしば平等・公正、自由・選択、能率・効率そして（教育の）質という4つの教育価値が取り上げられています。教育委員として、あるいはファシリテーターとして、あるいは年間教育行政活動の評価者として、どういう教育価値を探究するかは、教育行政学固有の課題だと思います。もとより、何か価値的に統一した知見をということではなく、研究を通して、どういう生きた現実をえぐり出し、どういう公教育制度を目指すかについて論争を恐れず追究していきたいものです。

その際に、研究の方法論として私が考えているのは、量的データとともに臨床実践的なデータに基づき、自治体の教育行政風土、文化そのものを耕し、醸成していくような教育風土調査方法も開発したいですね。

小野田　学会として何らかの声明を出すことはお考えではないですか。

坪井　声明を出すべきだという声は確かにあります。ここで黙っていたら教育行政学会の存在意義が問われるという常任理事もいます。3月末に常任理事会があるので、検討することになると思います。

教育行政学会としてきちんと対応していかなければならないと考えています。

2つの教育統治改革モデルのせめぎ合い

小野田　これから教育行政をどのようにしていけばよいとお考えですか。現在の改革動向をにらんでどのように展望していますか。

坪井　新教育基本法（2006（平成18）年12月22日公布・施行）の制定以降、国主導の教育改革が急展開しています。教育再生会議（2006（平成18）年10月〜2008（平成20）年2月）、教育再生懇談会（2008（平成20）年2月〜2009（平成21）年11月）そして現在の教育再生実行会議（2013（平成25）年1月〜）と引き継がれ、自民党政権は内閣総理大臣が開催する会議で国の「教育再生戦略」を推し進めています。

新教育基本法の下における教育と教育行政のあり方を考える上で参考になるように、次頁の図1のように、「1947年教育基本法制：共同統治モデル」と「2006年教育基本法制：成果管理モデル」との2つの教育ガバナンスモデルに整理してみました。ともに日本国憲法に基づく「国民の学習権」保障について学校教育を中心にまとめており、両者とも、4つのアクター（子ども、教師、父母・住民それに教育行政機関）の関係配置はまったく同じです。学校で保障されるべき子どもの権利は「学習権」と「人格権」であり、それを保障する限りで教師は「教育の自由」や教育懲戒権をもっている。そして、父母住民は教育要求・参加権を有し、教育行政機関（文科省・教育委員会）は「外的事項における条件整備」と「内的事項における指導・助言」の責務を負っているという点も共通しています。しかし、２つのモデルは、２ヵ所で大きく異なっていることをこの図は表しています。一つは、学校と国民との関係です。共同統治モデルでは、学校（教師）と国民（父母住民）との関係は、「直接責任原理」で繋がっています。これは、「教育は、不当な支配に服することなく、国民全体に対し直接に責任を負って行われるべきものである」という旧教育基本法第10条1項によっています。

図1　国民の学習権の基本構造

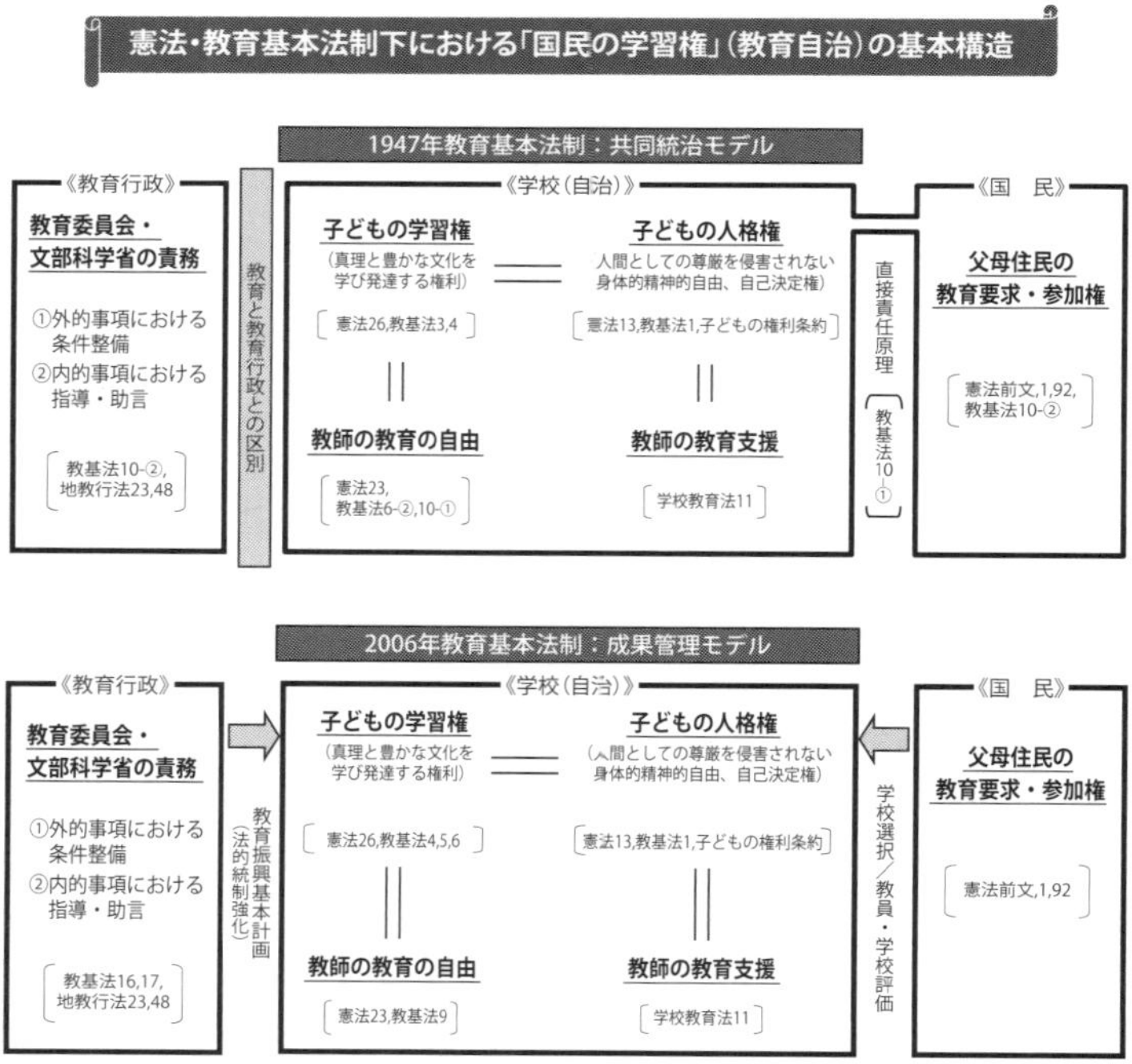

しかし、２００６（平成18）年の教育基本法では、この直接責任原理は削除されました。

そして、図２のような国家教育戦略にみられるように、「児童生徒・保護者本位の教育ガバナンス」の名のもとに、国民は「学校を選択」したり、「教員・学校を評価」していく存在として位置づけられるようになっています。

図１の上下でもう一つ大きく異なっているのは、学校と教育行政との関係です。１９４７年教育基本法第10条は、先ほどの第１項に続いて、第２項では「教育行政は、この自覚のもとに、教育の目的を遂行するに必要な諸条件の整備確立を目標として行われなければならない」と規定しています。これは、戦前の教育に対する深い反省から、教育と教育行政をきちんと区別して、特に国の教育行政は、教育の自主性を尊重し、教育内容への介入を禁止したのです。このように、旧教育基本法第10条は、教育を受ける権利（憲法第26条）や学問の自由（第23条）さらには地方自治の原則（第92条）とともに、国家権力を民主的に規制していく上で極めて重要な条項でした。

これが、２００６年教育基本法では、第17条（教育振興基本計画）で、「政府は、教育の振興に関する施策の総合的かつ計画的な推進を図るため、教育の振興に関する施策についての基本的な方針及び講ずべき施策その他必要な事項について、基本的な計画を定め、これを国会に報告するとともに、公表しなければならない」（同上第１項）としました。さらに第２項では、「地方公共団体は、前項の計画を参酌《さんしゃく》し、その地域の実情に応じ、当該地方公共団体における教育の振興のための施策に関する基本的な計画を定めるよう努めなければならない」としています。これに基づき、政府は２０１３（平成25）年の６月、第２期教育振興基本計画を閣議決定しています。そこでは、国の教育行政の４つの基本的方向性（「社会を生き抜く力の養成」「絆づくりと活力あるコミュニティの形成」など）を示し、そのための環境整備として「教育委員会の抜本的改革」を掲げています。つまり、教育委員会の抜本的改革は、国家教育戦略として掲げられているのです。

成果管理モデルでは、学校は、学校選択や教員・学校評価と、国及び自治体の教育振興基本計画の両面から競争に駆り立てられる様がみてとれます。憲法規範によって子どもの学習権保障に向けた学校づくりを進めることはなお可能であるとはいえ、保護者住民への直接責任原理や教師の「全体の奉仕者」性が法文より外される中、教育人権保障に向けた子ども、保護者住民と、学校（教職員）や教育委員会との関係そのものが根底から崩されようとしています。

以上のように、図1は、教育基本法の全部改正によって、共同統治モデルから成果管理モデルに

図2　総務省の教育ガバナンス改革図

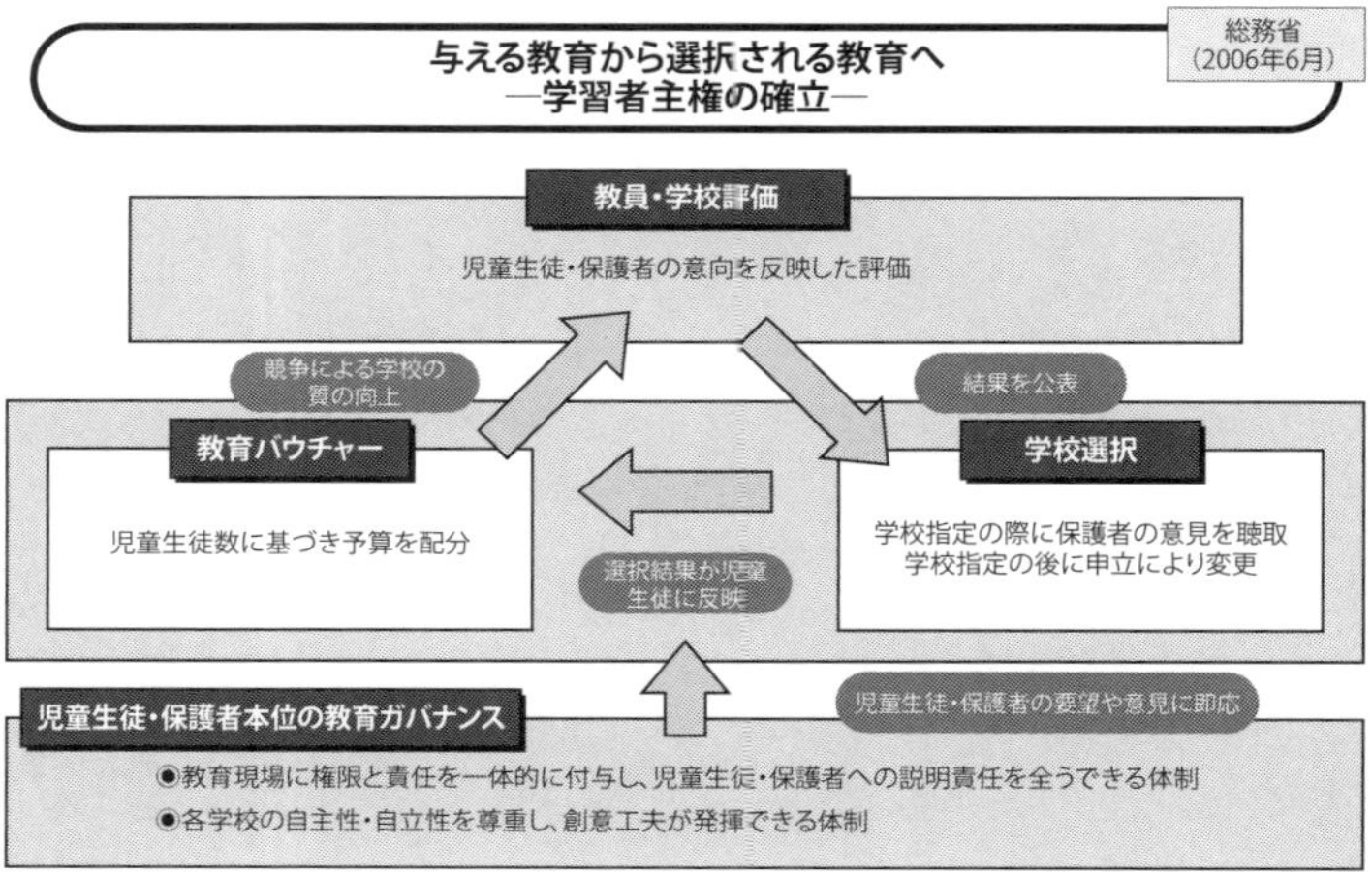

移行したということを示したいのではなく、憲法の下で、２つのモデルはせめぎ合っており、国や自治体の教育政策、もっと言えば住民を含めた学校地域構成員すべての教育統治能力によってどちらのモデルに引き寄せられていくかは決せられるということを申し上げたいわけです。

小野田　１９４７（昭和22）年の「共同統治モデル」でいうと、右の方の「国民」と「学校（自治）」をつないでいる道の部分（パイプ）をどうやってもっと広げるかということだし、２００６（平成18）年の「成果管理モデル」でも、いまのこの構造では「国民」から「学校（自治）」に対しては、消費者主義的な一方向のベクトル（矢印）しかないけれど、逆に「学校」から「国民」の方向に向かうベクトルもつくって、双方向にしていくということもあるということですね。

坪井　欧米の教育改革動向をみても、この２つのモデルはせめぎ合っていると私は理解しています。公教育統治に市場競争原理を導入する成果管理モデルが主流のようにみえますが、共同統治モデルも１９８０年代以降、着実に前進していると思っています。米国や韓国の学校運営協議会、イギリスの学校理事会、独仏の学校管理委員会などがそれです。

わが国でも、高知県の全小・中・高等学校等で、また全国のいくつかの学校地域では、生徒、保護者、校長・教職員の三者、あるいは住民を加えた四者の代表で、開かれた学校づくり委員会や学校協議会を設置し、学校自己評価や授業改善に取り組んでいます。全構成員の参加で、学校教育目標を制定し、学校運営の基本方針を確立していく取り組みが生まれてきています。これらの学校協議会が触媒、パイプ役となって、学校と市町村教育委員会はそれぞれが自治体教育改革においてリーダーシップを発揮していく方向を期待したいですね。

小野田　子どもの意見表明や生徒代表制度を含めて、理論的には同じですね。現行の教育委員会制度を残したままで、これらは十分に実現可能だということですよね。

子どもの内面まで統治（支配）されるのか、自分たちで統治するのか
——教育と教育行政を住民の手に

小野田　最後に、いままでのお話をまとめる意味も含めてメッセージをお願いします。

坪井　大学院で教育行政学を学んでいた1970年代のころ、本山《もとやま》政雄先生はすでに名古屋市長になられていたのですが、故・鈴木英一先生や法学部の故・室井力《つとむ》先生（行政法学）から、教育行政や教育法の大事な視点をいくつも学び、国家権力を民主的に規制していく法理を叩き込まれました。国家は暴走する。これに歯止めをかけ、教育の価値にのみ従属した教育行政を築いていくという「高次の政治性」についても学びました。私の場合、その拠り所は教育委員会制度にあり、いまもそう確信しています。

安倍政権は、秘密保護法を制定し、集団的自衛権の容認を国会を無視して強行するなど憲法を蹂躙《じゅうりん》する国づくりを進めています。こうした国づくりを支える「人材づくり」として、道徳の教科化や「心のノート」の全面改訂などを進め、教育委員会制度を実質的に廃止しようとしています。

こうした時代だからこそ、私たちは、「教育委員会で教育権を守る」というところまで踏み込んだ教育行政のあり方や教育委員会制度構想を考えなければいけないと思います。学校も教育委員会も教育改革の主体であり、両者が双方向の関係で学び合い、教育と教育行政を住民の手に取り戻していくセ

ンターとして教育委員会がよみがえり、発展していくことを願っています。

全国で日々子どもの危機と向き合い寄り添って教育委員会議に参加されている教育委員の皆さん、教育長はじめ教育行政職員の皆さん、子育てに奮戦している保護者の皆さん、そして子どもの教育に直接責任を負って最前線で奮闘されている校長先生はじめ教職員の皆さん、地域の学校改革の主体は皆さんであり、いまこそ、子どもを真ん中に共同して学校をつくっていくときだと思います。私たちも、皆さんの力になれるような教育と教育行政の研究を勇気をもって進めてまいりたいと思います。

小野田　民主的にどう統制するか、それは最後まで忘れないようにしたいですね。ありがとうございました。

（2014（平成26）年1月8日　愛知県立大学にて）

［プロフィール］
坪井 由実
（つぼい よしみ）
愛知県立大学教授。愛知教育大学、北海道大学を経て、2009年より現職。専門は教育行政学。主著『アメリカ教育委員会制度の改革』（勁草書房）。

第2章

先生の叫び

05　鼎　談

学級崩壊状況の立て直しは新人教師には不可能な業務

―故・木村百合子さん 公務災害認定裁判のもつ意義と重要性―

× 木村 和子
故・木村百合子さんの母親

× 小笠原 里夏
公務災害認定訴訟、代理人弁護士

この対談は、次の事件をもとに、新人・若手教師への支援体制、新人・若手教師の悩み・苦しみ、保護者対応、軽度発達障害児の見立てなどの観点から行ったものです。事件の経緯を一読された上で、鼎談《ていだん》、小野田ノートと読み進めていただき、より理解を深めていただければ幸いです。

新人教師の担当クラスが学級崩壊状況となり、鬱病を発症、自殺に至った事件

A教諭の勤務環境

Aは、大学卒業後、幼稚園の調査協力員等の仕事や公立小学校（J小学校）の教員補助業務等に従事していた。その後、某市公立学校教員として採用され、J小学校に着任し、4年生のクラスの担任として勤務していた。Aのクラスには、「指導に特別の配慮を要する児童」として申し送りのあった児童が4名いた。同じ学年の他のクラスにも同様の児童は存在したが、Aを除き、いずれも20年以上の経験を有するベテラン教師が担当であった。

授業数と勤務状況

Aは1週間に18〜19時限の授業があり、その他に初任者研修を週6時間受けていた。朝は午前7時頃に出勤し、午前8時頃から教室で授業等を行った後、午後5時頃に職員室に戻り、午後6〜7時頃には帰宅するという生活だった。休日出勤することもあったが、多くとも月平均5時間程度でそれを

超えることはなかった。

頻発《ひんぱつ》する児童のトラブル

Aがクラス担任となった4月以降、児童Nが他の児童を叩く、ある児童が母親に抱っこされて登校し、教室に行くことに抵抗する、ある児童の保護者から、隣席の児童の「いじわる行為」を訴える連絡が入り、席替え等の対応に追われる、3人の児童が特定の児童の文房具を隠すといういじめを2週間繰り返していたことが発覚する、カンニングを注意された児童Nが怒ってパニックを起こし教室を飛び出す、廊下外のベランダに出てAに注意された児童Nが、他の男子児童らとともに職員室に興奮して押しかける、ある児童の母親からいじめ被害の相談を受けるなど、約1ヵ月の間にトラブルが頻発した。

学級運営への不安や焦《あせ》り

Aは、4月半ば頃から初任者研修資料に、クラスの雰囲気が騒がしいことや授業がうまくいかないことへの不安や焦りを記すようになり、全教員が集まる校内研修会の開始時刻になっても教室で涙ぐんで出席できず、話を聞いた養護教諭に「授業がうまくできず、学級崩壊のようになるが、誰に相談していいかわからない」と訴えたこともあった。

児童らの表情が硬い

この頃の児童の様子について、教頭からは児童らの表情が硬く反応がないとの指摘があり、図工の授業を担当していた他の教諭からも、児童らの描く絵が3年次に比べて暗い様子のものが多いといった指摘があった。絵のことを聞いた初任者研修主任のB教諭がAと直接話をしたところ、Aは床に突《つ》っ伏《ぶ》して激しく泣き、学級運営に悩み苦しんでいることを伝え、「授業中の教室に来て自分を見ていてほしい」と依頼した。5月中旬、Aは授業に出られず、その翌日にはクラスの児童が「先生を励ます会」を開いた。

研修主任教諭からの叱責《しっせき》

その後も、児童Nや他の児童らによるトラブルはたびたび発生し、Aは初任者研修資料に「教室での落ち着かない雰囲気に、がっくり疲れた」「私の注意はほとんどきかず、大騒ぎが続いて、どうしたらよいかわからない。疲れきった」と記載した。その数日後、AはB教諭から、教室内で騒いでいる児童を注意しなかったことを指摘され、「給料もらってるんだろう、アルバイトじゃないんだぞ、ちゃんと働け」と叱責された。

終息しないトラブル

それ以降も児童Nや他の児童らによるトラブルは継続した。児童NはAの指導に対して、「近づくな」「教師失格」「それでも教師」などと言ったり、児童Nが女子児童の顔を拳で殴って泣かせたことについて家族に報告の電話をすると、「家にかけるなって前にも言ったじゃん」「うそつき」「かけたら殺すって言ったじゃんか」などと言って反発した。このような児童Nを中心としたトラブルは終息することなく、夏休みに入った。

児童の保護者からの手紙

2学期に入ってからも状況は変わらず、Aの自殺前日には、児童Nの母親から「4年生になってから、頻繁に先生から電話をもらうようになり、こちらも精神的にまいっています」「先生は神経質すぎるのでは」「先生はちゃんと子どもの話を聞いていますか?」「もう少し先生が厳しく子どもたちに接していただきたいです」などと記載された手紙を受け取った。

校長への相談

Aはそのころの指導週案の生活指導その他欄に、「校長に相談したい、時間をつくっていただきたい」旨を記載していたが、校長は「いつでも声をかけてください」と記載しただけで、それ以上の積極的な働きかけをしなかった。

自殺

Aは保護者からの手紙を受け取った日の翌朝、スポーツセンター駐車場内に停車した自家用車内で焼身自殺した。

高裁判決直後の気持ちを思い出して

小野田　8年間にわたるたたかいは本当に長かったことと思います。娘さんの百合子さんが亡くなられて8年が経ち、そしてようやく2012（平成24）年7月に高裁判決で公務災害認定が認められました。判決直後のお気持ちを思い出していただけたらと思うのですが、いかがでしょうか。

木村　判決直後はうれしさと安堵《あんど》と、本当に早く解放されたいという気持ちがありました。そして、上告されなければいいなという不安もありました。でも、裁判が終わった後に廊下に出て、私、小笠原先生に「小笠原先生は最高の弁護士さんでした。ありがとうございました」と言った記憶があるんです。

小笠原　和子さんはいつも褒《ほ》めてくださるので、私はそれを憶えていないんです。

小野田　東京高裁には、お母様とお父様のほか、長女さん、三女さん、全員揃《そろ》って行かれていたのですか。

木村　そうです。

小野田　一応、地裁であのような判決が出て、口頭弁論を開始しなかったから、多分もう勝つだろうと、まさか逆転はないだろうという情報は小笠原先生からも伝えられていたんですよね。

木村　いいえ、小笠原先生は本当に慎重派なので。

小笠原　あの流れからすれば、普通はあり得ないんですね。控訴が認められて原判決が取り消されるということは考えられないのですが、私は東京高裁というところをまったく信用していないのです。

どういうかたちで政策的な判断がなされるのかわからないので。ここで木村さんの事件を認めてしまうと、今後補償の範囲が広がってしまって、お金の問題が出てくる。天の一声だか悪の一声だか知りませんけれど、もしそういうのがあれば、事実の評価の問題だったので、どうとでも変えられるんですよ。ですから、私はもうそれが非常に怖かったですね。

何をきっかけに気持ちが変化したのか

小野田　衝撃的な百合子さんの死の直後、最初は「もう運命だと思って死を受け入れよう」と言い聞かせておられた。ところが、お葬式直後の数日間で「どうしてこんなことが起きているの。おかしい」と決意されて、公務災害認定を求めて立ち上がったと2年半前にお伺いしました。また、学校に遺品を取りに行った際に、百合子さんが使っていた文房具やノート、直筆《じきひつ》の記録などが入った段ボールを返されて、それを見たときにその思いはさらに強まったとお聞きしました。最初は運命だと思って諦《あきら》めようと思われていたのが、やはりそれはおかしいのではないかという憤《いきどお》りになった、その辺りの心境の変化はどのようなものだったのでしょうか。

木村　運命だと思って死を受け入れようと思ったのは、9月29日の亡くなった当日だけです。その日の夜、教育委員会の課長さん、校長先生、教頭先生、学年主任の先生が家に来ることになって、百合子の置かれていた状況について話すべきか話さないでおくべきか、家族に相談したのです。「言うことで傷つく人もいるけど、どうしたらいいか」と。そうしたら、長女が「言わなければ、次の人が同じ目に遭うだけだから、それは言わなくてはダメだよ」と言うので、私は先生たちに向かって、娘はこういう状況だった、こういうふうに言っていたんですと言いました。そこで話したことで始まったんじゃないかなと思います。

小野田　その「話す」という行為が、百合子さんの無念をどういうかたちで晴らしていこうかという思いだったんですね。

木村　そういうふうに思ったかどうかはよくわからないんですが、まず、このことを言った、つまり外に出したということですよね。でも、学校は受け止めなかった。知らなかったふりをしたということもありましたし。29日に亡くなって、お葬式は10月4日だったんです。そのお葬式までは、私の頭の中には「お葬式をちゃんとしなくてはいけない」という気持ちが強くあって、悲しみも怒りもあまり出て来なかったんです。ただ、私の頭の中には、「ベトナムの会」(百合子さんが参加していた、ベトナムの「子どもの家」を支える会)のことと、実は百合子が置かれていたような、子どもが暴れて運動場で子どもを押さえつけている状況について解説するテレビの映像があったのです。そして、大学の先生らしき人が、フォーラムの会場のようなところで、教師になった大事な学生がこんな目に遭っているんだというようなことを人々の前で話している姿と、そう言っている先生たちの後ろで遺影を持っている親の姿もありました。それはおそらくテレビで観た映像だったと思うのですが、私はそういう大変な状況があることを知っていたのに、百合子を助けられなかったという思いもありました。

そういうことで、私の頭はもうギシギシいってパンクしそうな状態だったのですが、「あんなにがんばっていたのに、こんなことになって酷《ひど》いじゃない」という思いがむくむくと湧《わ》いてきて、お葬式が終わった翌日の10月5日に、広報で見つけた労働相談というところに電話をかけてみました。事情を説明したら、「いや、だいたいそういうのは四十九日が明けてからやるものだけどな」とか言われて、そういうことは弁護士さんとか労働組合とかに相談したらというようなアドバイスをいただいたのですが、当時、もしかしたらそこも学校とつながっているのではないかというような、ものすごい不安と疑心暗鬼《ぎしんあんき》を抱えた状況でした。それで、娘が参加させていただいていたベトナムの会の人に翌日ぐらいに電話をしたのです。それで、弁護士さんのところに行くことになりました。亡くなった直後の状況はそのような感じでした。

勝訴の可能性は低いと思っていた

小野田　次に、小笠原先生にお聞きしたいのですが、教師の公務災害認定が認められる条件や環境は、過去の例を見ても非常に厳しいものがあります。特に、今回の百合子さんの事案は、労働時間が過重であったという過労死・過労自殺のケースではなく、学校の教職員のサポート体制が不十分な中で鬱《うつ》病を発症していき、自殺に至ってしまったという不幸な事案でした。木村さんから弁護のご相談を受けられたとき、まず、どのように論点整理をして勝負をかけるのがよいと思われたか。また、一般の労働者の過労死事案に比べて、教師の場合というのはどのような難しさがあるのか。さらに、地方公務員災害基金制度のあり方についてもご意見をいただければと思います。

小笠原　実は、相談をお受けしたときは、私は弁護士になって1ヵ月位だったんですね。百合子さんと同じで、私も新人だったんですよ。ですから、論点を整理してとか、全然そういう次元ではなかったですね。とにかくこれは公務の過重性、つまり公務がどれだけ大変だったかを立証していくことが鍵だというぐらいにしか多分とらえていなかったと思います。それで、見通しとしては、当時、塩沢（はままつ共同法律事務所弁護士・所長）が尾崎先生の事案（尾崎善子さんの過労自殺裁判）をやっていて、非常に苦労していたので、勝てる確率の方が低いと思っていました。それは塩沢も同じだったと思います。当時の私は本当に半分素人《しろうと》でしたが、百合子さんのお母さんからお話をお聞きしたときに、この事件が裁判所で受け入れられるか、裁判官がこれを補償すべきだというふうに考えるかと思ったときに、素人目にもちょっと難しいのではないかと思いました。

小野田　見通し的にはちょっとこれは暗いなと。

小笠原　正直、そうでした。

小野田　でも、そのことは、和子さんにはそう簡単には言えないし。

小笠原　いや、何回も言いましたよ。

小野田　これはちょっと勝ち目はないかもしれませんと。

小笠原　私は、塩沢がやはり尾崎さんの事件で相当苦労しているので難しいですよと。一番最初は、公務災害どころではなかったんですよ。お母さんたちは国賠《ばい》（国家賠償）でいきたいというお話だったんです。

小野田　学校側の管理責任を問うというかたちですね。

小笠原　そうです。私が当時の記憶で思い出すのは、いじめられていた、パワハラだったということですね。それと、そもそも学級編制自体が間違っていたということを盛んに言っておられたので。ですから、それはいじめだというふうなご主張だったと思います。しかし、国家賠償でやってもらいたいということであれば、まず無理なので引き受けられないという話をして、ただ、労災というかたちの手続きであればまだ可能性はあるから、ダメで元々ということでご了解いただけるのであればお引き受けしますと、そういう感じでした。

小野田　なるほど。ただ、その労災でもかなり難しいだろうと。

小笠原　ええ、その不服そうなお顔はいまでも憶《おぼ》えています。

小野田　そういう意味では、裁判をしていく上で、最初から弁護士さんと原告の依頼人との関係が調和的だったというのではなく、山あり谷ありの関係でここまで来たということになるわけですね。

小笠原　いまから8年前の当時は、多分長時間労働だといけるとかそういう認識もなく、ベテランの弁護士でもまだそこまでは言えないという状況だったと思います。ですから、どういう事件が勝てて、どういう事件が負けてしまうのかということも、経験のある弁護士の中でもまだ模索の状態だったと思います。ましてや、私などはまったく全体像がわからない。教師の事案の難しさというよりも、とにかくこの事件の難しさ、公務が大変だったことをどうやって立証していくんだろうと、本当に何か闇の中という感じでしたね。

いまの教師が置かれている労働環境

小野田　百合子さんの事案は、私の知る限りにおいても、クラスの子どもたちとの関係、保護者からのプレッシャー、そして同僚教師たちからの批判等、壮絶な環境に置かれていた中での苦しみがあったと思います。弁護士という立場から見て、いまの教師が置かれている労働環境についてどんなふうに感じておられますか。

小笠原　まず一点目として、長時間労働の過酷さは一般企業の人たちもかなり長時間労働なので、あまりそこの部分は教師に特有ということではないと思いますが、長時間労働に我慢して服しているというか、献身的に文句ひとつ言わず耐えているという、そういう印象がすごくありますね。そういう意味では、一般の労働者の人たちがぶつくさ文句を言いながら残業に服しているのとは何かちょっと違うものを感じますね。

小野田　一種の諦《あきら》めも入りながら。

小笠原　そうですね。そういう暗さを感じます。

小野田　サラリーマンが新橋のガード下の飲み屋で憂さ晴らしをするような、ああいう感じではない。

小笠原　黙々とやる。それってすごいと思いますね。特に弁護士などという稼業をやっていると、よくここまでやられて文句ひとつ言わずにできるものだというのを感じますね。

小野田　それはどこから来ると思われますか。簡単に言うと、上から抑《おさ》えられたような暗さですよね。弱音を吐くべきものではないんだとか、子どもとかかわっているのだから少々は我慢しろとか。

小笠原　少々どころか、そういう抑圧がすごくあるなというふうに感じます。

小野田　グチをこぼした時点で、もう教師を続けられなくなるというような怖さもあるのかもしれませんね。

小笠原　そうですね。ですから、そういう労働環境について文句を言うこと、イコール、子どもの教育に対して熱意がないということになってしまうのでしょうね。

仲間を助けない労働組合への怒り

小野田　本来、そのために労働組合があると思うのですが、なぜこういうことが起きても動かないんだろうとか、そのようなことも思われましたか。

小笠原　なぜどころではなく、怒りですよね。私が誰に怒りを感じるかと言えば、一番大きいのは労働組合です。教育委員会でも学校でもなく、同じ状況に置かれているのに手を差し伸べない。教育委員会と教師が上下の関係に置かれているのは所与《しょよ》の前提なので、教育委員会が無理なことを言って労働者である教師を痛めつけるというのはよくある構図です。しかし、同じ仲間内で困っている人が、本来一緒に団結して向かっていきそれを救うのが、労働組合の存在意義であるはずなのに、労働組合という看板を掲げておきながら何もしない。本当に頭に来ています。

そしてもう一点、教師たちの労働環境で特異なのは、現在の状況の理不尽さだと思います。昔の先生は苦労されていたとしても社会的に尊敬を得られていたので、先生たちはおそらく自己肯定感を持ってやってこられたと思うんですね。もちろんいまほどには労働環境が厳しくなかったということもあるかもしれませんが。先生は無条件で尊敬に値するもので、いろいろ文句を言ってくることもない。ところが、いまの市民は本当に自分勝手で、一方では先生たちを尊敬すべき対象として、不祥事などを起こそうものならものすごく叩くくせに、もう一方では、サービス業の先生に対する自分たちの要求というかたちで、言いたいことをバンバン言いますよね。私はそのような市民の自分勝手さにも頭に来るのです。やはり先生たちが苦しいというのは、そこだと思います。どちらかにしてよ、という。それは、労働環境というより保護者対応という話になるのかもしれませんが、労働環境の中で非常に先生を苦しめている要因なのではないかと思います。

小野田　学校と保護者のトラブルから、いい関係づくりへという「イチャモン研究」を私が始めた動機の一つは、そこにありました。

小笠原　保護者と先生というのも仲間ですよ、本当は。それが仲間うちで足の引っ張り合いをしているという構図になってしまっている。先生は本当に厳しいですよね。

モチベーションをどのように保ったか

小野田　今度は木村和子さんにお聞きしたいのですが、地公災（地方公務員災害補償基金による審査）の決定、不服申し立て、再審査と地公災で3回も公務災害が認められませんでした。さらに、そこから静岡地裁への提訴に踏み切り、ここまで本当に長いたたかいだったと思います。それを続けるだけのエネルギーというのは、精神力もそうですが、費用もそうなんですね。同じような境遇にある人たちの多くが諦めざるを得ない状況で、そのようなモチベーションの維持をどういうかたちでしてこられたのでしょう。

木村　まず私は、弁護士さんには「これは認められませんよ」と言われていましたけれど、私は絶対に認められると、最終的には認められると、最初から信じていました。私はクリスチャンなので、このことを起こしたのは神様だし、解決するのも神様だと思っていました。だから、「神様ひどいじゃない、百合子ちゃんだって一生懸命やっていたじゃない」と、私は仕事中にも本当に怒りながら涙を流していました。そういう状況でしたから、校長先生や先生たちに対する怒りは、実はそれほどなかったのです。私は、神様は何かを解決するためにこのことを起こしたのだと思い、ADHDの親の会の静岡の代表の方などとお会いして、その子たちの大変さ、親の大変さを知り、そういう子たちの悲鳴を神様は聞かれたんだと当時は思ったりしていました。

小野田　そういった意味では、ご自身の中では「もうやめようか」という気持ちにはならず、必ずこれは勝てる、勝つべきものだということで、そこのところはぶれずにやってきたということですか。

木村　そうですね。私がやっているのではなくて、神様がやっているのだから、ちゃんとしてよねと空に向かって怒っているというか、要求しているという状況がずーっと続いていたんです。

小野田　それは大事なことで、個人に恨《うら》みを持っていくと、そこのところの中で一喜一憂しなければならないけれど、この問題を少し対象化して自分で眺めておられたところが大きかったのかもしれませんね。相手が悪いと思ってとことん突き進んでしまうと、相手の動向によって自分が変わっていかざるを得ないし、どんどんおかしくなってしまうこともありますから。

支援組織とのつながりを大事に

小野田　ご家族の中では、お母様はそういうかたちで続けてこられて、お姉さんも三女さんもお父さんもおられるわけですが、地域の人たちから陰口を叩かれたり、いわれなき批判を暗黙のうちに受けたりする苦労もおありだったと思います。そのことを乗り越えていく上での、強い意思の確認を家族の中で何度も重ねられたことと思います。それから、支援する人たちの集まり、ベトナムの会だとか、教会なども そうだと思いますが、そういった方たちとのつながりをどういうふうに大事にされたのか、この点をお聞きしたいのですが。

木村　聖書の中に「神はすべてのことを働かせて益とする」という一節があるんですね。娘が亡くなった後に、これから出会う人たちは大事な人たちだと、きっとすべてのことが役立つだろうと思って、ちょっとしたメモ書きも捨てずに取っておきました。かかわってくださる人たち、支援の会の人たちなどはとても大事に思いましたし、ありがたかったんです。ですので、その人たちがここに行ったらいいよとか、こうしたらいいよと言ってくれることについては、ほとんど言われた通りに実行しました。警察に行ったらいいよと言われたら警察に行って事情を話すし、勉強会にも行きました。東京の「学びをつくる会」というところには何回も行かせていただきました。

小野田　学びをつくる会？

木村　久冨《くどみ》先生と一緒に本を出版された佐藤博先生たちの会です。

小野田　ああ、『新採教師はなぜ追いつめられたのか』（久冨善之・佐藤博著、高文研、２０１０年）

ですね。そこに行かれて。これは大事ですね。

木村　2005（平成17）年1月の終わりぐらいだったと思いますけれど、当時話せるというか、わかっている材料で話をさせていただきました。そこには法政大学の児美川《こみかわ》（孝一郎）先生も来られていて、その後出版というかたちでそのときのことを出してくださったりしたので、すごい励みになりました。そんなふうに一つのことをすると、その次にまた何かがあって、次、次といきましたので、できるだけ皆さんの言ってくださるようにしました。私自身の中には本当に何もないので、皆さんのそういう力で動いていこうというように思った記憶もあります。

客観的な基準を導き出すまでの苦労

小野田　次は小笠原先生への質問なのですが、今回の裁判では「公務起因性」の論点と「公務加重性」の論点をどのように立証していくかで、相当なご苦労があったと思います。地裁、高裁の2つの判決を見ればわかりますが、「教員の公務」「教員の公務加重性」を展開していく上で、もっとも苦労された点はどこにありましたか。

小笠原　立証の技術的な面での苦労というのももちろんありました。しかし、結局、公務の加重性とか心理的負荷の強度とかというのは、他の判決文を見ていただければわかると思うのですが、特に基準らしい基準というのはないのです。厚生労働省が出している審査基準（心理的負荷による精神障害の労災認定基準）というのがあって、それに依拠できるときは結構楽なんですね。

しかし今回のケースの場合は、そのまま依拠することはできないと思っていたので、何を基準に大変だということを主張していったらいいのかがわからず、そこを乗り越えるまで非常に苦労しました。「あんなこともあった、こんなこともあった、だから大変だ」という、そんな判決文がほとんどなんですよ。でも、これでは裁判官の主観になってしまいますよね。それは裁判のあり方としておかしいと思いましたし、裁判官が優しかったり甘い人だったら大変だということになるけれど、厳しい人だったら変わってしまう。ですから、評価の基準を自分なりに定立し、どういう作戦でいくのかを組み立てるまでが一番大変でした。

私が行き着いたのは、そもそも新採教師が、あの4年2組のような状況を一人で学級運営することは無理であるというふうに言い切ることでした。技術的にも能力的も不可能であるという理屈を立てられてからは結構楽になったというか、自信をもって主張できるようになりました。ところが、なかなかそのことを言ってくれる学校の先生がいないんですよ。私ははっきり言って自分で確立したと思っています。

小野田　4年2組には申し送りのあった配慮を要する児童が4人いて、実はN君というのはその中に入っていなかったんですよね。

小笠原　そうです。学級編制ももちろんそうですけど、実際にやってみたらうまくいかないわけですよ。それでN君も3年生まで隠れていたものがすぐに出てきて、大変さがどんどん増していく。記録を見せたときに、「小笠原さん、これは新人にやらせる状況じゃないよ、先生が一人でやるのは無理だよ」と何人もの先生に見てもらっているのに、そういうふうにバシッと言ってくれる人がいないんです。

それは、先ほどもお話しした先生たちの集団の特殊性にもかかわりますけれども。

小野田　我慢《がまん》に我慢を重ねて、与えられたものを与えられた範囲の条件だけで、武器は徒手空拳《としゅくうけん》でもともかくやれと、そういう感覚ですよね。

小笠原　そうですそうです。何でもとにかく一人でやれと。学級王国というのか、先生がとにかく一人でそこの教室を運営するというのが伝統的な学級運営の方法だと思うんですけど、いまもまだそれに囚《とら》われている先生たちがいるということに気づくまでが私も本当に苦しかったです。

小野田　こんなの一人でできますかと言っているにもかかわらず、いやいや、それはねぇって。

木村　地裁判決が出る前に、小笠原先生が言ったあの言葉、本当にしびれてしまいました。

小野田　控えめすぎる、おとなしすぎる、先生、こういう状態でどうして黙っているんですか、という。

小笠原　これを新採の先生に任せることがおかしいと思わないんですか、という。

小野田　大事な論点ですよね。それがあったからこそ、これに対する支援体制が不十分だったという論理展開が次に出てくるわけですね。

小笠原　できるんです。

新人教師に任せるのは不可能な業務

小野田　これはもう客観的に最初から不可能なんだということを明確に出す必要があった。そこが見つかったというところが大きかったんですね。それは地裁に入った段階からですか。それとも地公災の段階で？

小笠原　そうですね。何人か出てきたんですよ、それらしいことを言ってくださる先生が。それで勇気づけられて、行けるのではないかというふうになってきた。それから、精神科医の天笠崇《あまがさたかし》先生（代々木病院）の心理的負荷の強度についての意見書ですね。先生はもちろん精神科医の目からですけれど、負荷がこれも強いし、あれも強いという先生の意見書を見ていたら、やはり百合子さんにかかっていた心理的負荷は相当強かったんだなと確信しました。

　後はやはり「ベテランの先生でも大変です」という先生たちの意見書です。それを何回も見ているうちに、「ベテランの先生でも無理な業務を新人がやるから大変」ということをもう一歩進めて、ベテランの先生でも対応できる人と対応できない人がいるということは、これは一般企業だったら入ったばかりの新人には普通は任せないような高度な能力を必要とされる業務であり、それを新人の先生にやらせているんだということになる。その理屈に到達するまでが非常に大変でした。

　でも、そこがはっきりしたら、後はすごくやりやすかったですね。やはり無理だよねという話を自分の中で確信できて論理展開もできたから楽になったと思いますし、裁判官にも伝わりやすくなったと思います。高裁判決はより踏み込んで積極的に認定してくれたというふうに確かに思いますけれど、やはりベースは地裁判決ですね。ですから、あの裁判体（数名の裁判官で構成）とのめぐり合いが非常にラッキーでした。

小野田　確かに裁判官の組み合わせによって全然違いますからね。

小笠原　それは本当に和子さんの力ですよ。神様のお導きです（笑）。裁判体ひとつで全然変わってきてしまいますので。でも、あの裁判体がすべてにおいてあのような判決を書くわけではないから、立証活動や運動が成功したというのはもちろんですが、あの裁判体にめぐり合えたというのは本当にラッキーでした。後は、３・11があったことで世の中の雰囲気がなんとなく助け合いとか絆というものに共感的になっていた時期であったこと。それらがうまく地裁判決に作用して、その勢いが高裁まで持ち込めたと、私はそういうふうに理解しています。

教頭・研修主任の証言が有利に働く

小野田　証拠調べや証人調べのときは、研修主任と教頭は、こちら側の証人としてですか、向こう側としてですか。

小笠原　結局、双方申請になりました。通常、研修主任と教頭がこちら側に有利な証言をするとは思わないし、推定も働かない。そういう人たちのことを業界用語で「敵性証人」と言うのですが、私たちが最初に研修主任と教頭の話を聞きたいと言ったときには、裁判所はそれは本来であれば基金の方から申請されるはずの証人でしょうということになって、基金の方から証人申請を出し直してもらい、向こう側の証人として出廷しました。けれど、証人尋問の中で、教頭に対する裁判長の補充尋問で、「悩んでいるということがわかっているのだから、報告がなかったからといって、あなたは事実確認をまったくしなかったんですか」というような質問が出たり、発言を誤魔化《ごまか》そうとするようなところを厳しく「そこはちゃんと答えてください」と言ったりしました。そういうところで非常に共感的な訴訟指揮を感じたのです。なので、これはいけるかなと思いました。

小野田　そういう意味では、当初、その教頭と研修主任はこちら側からも出そうと思っていたわけだから、本人たちには接触したわけでしょう。

小笠原　接触はしなかったです。ただ、尋問が採用されてから2人には資料を送って、こういうことについてあなたはどう思うのかということについて、裁判で答えてもらいたいというような依頼はしました。

小野田　直接的には、教頭と研修主任にはお会いにならずに、一応渦中《かちゅう》にいた当事者だからきちんと本当のことを話してくださいというかたちのものだったと。

小笠原　教頭はこちらから送った資料の封《ふう》も開かなかったそうで、そういうことを法廷の中で堂々と言うものですから、本当になんだこの人は……という雰囲気が醸《かも》し出されましたよね。

小野田　裁判長をして「それはないでしょう」というかたちなんですね。

小笠原　そうですね。ギャラリーも「えー?」みたいな感じでやってくれるものですから、やはり裁判長も。

小野田　その傍聴人の反応は大きいですね。

小笠原　本当に大きいです。

小野田　教頭も研修主任も似たようなかたちでちゃんと喋《しゃべ》ってくれた。簡単に言うと、裁判長は「あなたはそこまで追い込まれた百合子先生を見殺しにしたんですね」というかたちで確認を取っている。

小笠原　「何もしなかったんですね」ということの確認です。

小野田　小笠原先生が立てられた一種の構図、新任では絶対無理であって、一人に任せるべきではない、この構図の中に裁判長自身がまず入って行き、それを確認するためのところへ行っているわけですよね。

小笠原　そうですね。ですから、尋問もそういうかたちでやりました。百合子先生の記録を見せて、研修主任に答えさせるんですよ。こういうふうに書いてあるけれど、どういう状況だったと思いますか、あなたはそれで助けたつもりでいたけれど、こういうふうなかたちでまったく解決していないですよねというのを、記録と一緒に一つひとつ確認させたんですよ。そうすると答えられないですよね。だから、不十分だったとか、これ以上やりようがありませんというようなニュアンスの答えをするしかない。そうするとやはりこちらの主張通りの展開になるわけです。だから百合子先生の記録は宝物です。

小野田　その段階で、基金側はしまった、まずい展開になってきたとなりますよね。

小笠原　なります。ですから、教頭や研修主任の証人尋問が成功したというのはものすごく大きかったですね。なかなか成功しないんですよ、反対尋問って。私も作戦通りに展開した初めての体験でしたね。

N君のお母さんも協力してくれた

小野田　保護者対応の苦しさという点で、児童N君の存在、そして学校という職場の支援体制が不十分であったという点で、校長、教頭、研修主任、先輩教師のあり方が厳しく問われました。実は、私たちの研究会（新・学校保護者関係研究会）で、このN君はADHDなのか、それとも虐待事案なのかという議論がありました。というのは、N君が3年生のときには研修主任の先生がクラス担任だったわけですね。そのときにはほとんど何も起きなかった。ところが、百合子先生が担任になったとたん急に問題行動を起こすようになる。それはADHDではあり得ない。ADHDというのはどんな先生の前でも同じなんです。そして虐待事案は強い先生の前ではおとなしく、優しい先生の前で暴れる。これが一つの大きな特徴点で、私たちの研究会には臨床心理などに詳しい者もおりますので、この子は本当にADHDなのだろうかという、そんな議論をしたこともありました。

小笠原　私もその辺りはわからないんですよ。はっきりしていることは、発達支援のお医者さんのところに行って、そこでADHDではないという診断をされているようです。

小野田　N君のお母さんと和子さんが会われて、あの頃、N君のお母さん自身も追い詰められていたという言い方をされたと聞きました。そのN君のお母さんから、当時のN君の置かれた状況みたいなものが原告側の証拠として出されたことはありますか。

木村　小笠原先生からN君のお母さんに証言してもらった方がいいと聞いて、私はN君のお母さんに電話をして、会って証言してもらえるかという話をしたら、いいですよというお答えで、小笠原先生と一緒にお会いしたんです。小笠原先生がきっちり陳述書をとってくださいました。

小野田　当時N君がどういう状態だったかということを母親の立場で説明されたのが陳述書として出されたというかたち。それもN君のお母さんが書いてくださったというのが相当大きいのかなと。普通なら「うちの子が悪いというのですか」というかたちで拒否するというケースが多い中で、他の事案に比べれば、これも非常に稀《まれ》なかたちでうまくいったケースなのかなと思いながら。

小笠原　そうですね。それはやはり百合子さんが一生懸命やってくれていたこと、新人ですからもちろん適切さを欠いた面というのもあったとは思いますが、自分の子のために一生懸命やってくれていたということが、多分お母さんにも伝わっていたと思うんですね。だから何か力になりたいということだったと思うのですけれど。

木村　そのお母さんの話には、「木村先生には感謝している」という言葉もありました。私としても、どうしても協力してもらいたいので、これは本当にいろいろな思いはありつつも、上司からいつも叱られていたという話をして、問題は学校のあり方にあるのだという話をしたら、「私も学校にはいままでよい思いをしてこなかったので、お母さんの気持ちはわかります」というふうに言ってくださった。ただ、裁判が始まるというニュースで「問題のある子がいて」というふうに流れましたので、それに対してとても怒っていらした。「うちの子だけが悪いわけじゃない」というふうお気持ちだったと思います。

小野田　それはまさしく綱渡り的な部分でもありますよね。うちの子だけが悪いわけではないという感情と木村先生にはよくしてもらったという感情、これを調整するのは並大抵のことではないと思います。

新任教師に対する支援のあり方

小野田　もちろんN君だけの問題ではないのですが、いろんな意味で〝困っている〟子を多く抱える学校現場の中で、若い教師や新任教師に対する支援のあり方をどのようにすべきかについて、いまの思いをお聞かせください。

木村　以前、弁護士さんが先生を増やせばいいのにと言っていらしたのを聞いて、まずはそこだろうなと思っています。例えば介護施設では、お医者さんがいて、薬剤師さんがいて、看護師さんがいて、リハビリの先生がいて、介護士さんがいてというように、おじいちゃんやおばあちゃんにはそれだけ手を尽くすのに、子どもたちは放ったらかしなの、という感じがしています。学校の中にも、お医者さんや看護師さんや先生の補助をする人やソーシャルワーカーさんがいたり、もっと多くの人たちでやったらいいのではないか。それぞれが助け合い、補い合いながらやって、その中で子どもが育っていくというふうに、もっとお金をつぎ込んで欲しいです。

小笠原　私も同じですね。本当に何をするにしてもとにかく人員の増員ですよね。和子さんのおっしゃる通り、お金がかかることになりますけれど、増員されないと根本的な解決というのはまず無理だなと思います。新任に対する支援のあり方などというふうに狭小化《きょうしょうか》しなくても、私は先生全体の労働環境がもっと働きやすいものになれば、若い先生たちも自然と苦労することはなくなってくると思います。例えば、今回の事件の後、静岡県では少し新人研修の負担が軽くなるように改善されたと聞いています。それはそれでないよりはあった方がいい対策ですが、根本的にはやはり人が足りないという問題が解消されないことには、N君みたいなことが起きて、みんなで集まってケースワークをやりましょうと言っても、先生たちには時間がない。困っている人をサポートできるだけのマンパワーがないので、やはり増員というのは避けられないテーマだと思うんです。

N君のように特殊な表れを見せる子どもはいっぱい増えてきているわけですよね。N君の記録はたくさんの先生に見てもらいましたが、これはＡＤＨＤではなく虐待だろうと気づけた現場の先生は一人もいない。ADHDの担当をしたことがある先生が自分の経験に引き寄せて、多分似ているからADHDだろうという、それはもう専門知識ではないですよね。だから、こういうときには文科省が想定しているモデルケースのように、きちんとした専門家がついて、この子の場合にはこういうアプローチをするといいという、気休めではなく、実践的で役立つ情報を提供してくれる専門機関がもっと学校現場の中に入っていかなくては。

小野田　虐待かADHDかということにかかわって言うと、静岡県のセンターの方に、私たちの研究会にいる佐々木千里《ちさと》さんというソーシャルワーカーが、年に1回か2回講演に来ているんです。実は私も呼ばれて、去年掛川《かけがわ》にある教育センターに行って講演とワークショップをやったのですが、多分いままではこういう事案が起きると、自分のときにうまくいって、別の先生のときにうまくいかなかったら、その先生が悪いというかたちになっていたのが、そうではないというところに、ようやく県教委や市教委が気づき始めたのではないかと思います。

若い教師、教師のわが子を持つ親に向けて

小野田　最後の質問になります。静岡に限らず、若い教師が急増する時代に入ってきました。私自身、学生たちには「親よりも先に子どもが死ぬことほど親不孝なことはない」と話しているのですが、若い先生に向けてのメッセージと、教師のわが子を持つ親御さんへのメッセージをそれぞれお願いできますか。

木村　逃げ道を用意しておいてほしいと思います。私は「学びをつくる会」に行ってみて、こういうつながりがあったらいろいろ相談できただろうし、困っている子どもの正しい扱い方についても、この先生たちから何か聞くことができたんじゃないかと思いました。百合子の手の届くところにそういうものがあったのに、そこに手を出す前に亡くなってしまった。私が話しに行かせてもらったときに、向こう側に百合子がいて欲しかった。私が百合子のことを話すのではなく、他の人の話を百合子が聞いて勉強していて欲しかった。それが何よりも一番辛い感情でしたね。そういうつながりというのは、どこにでもあるものではないかもしれないけれど、そういうところをつくって欲しい。

小野田　百合子さんが「私、教師辞めようかしら」と言ったとき、「うん、辞めたかったら辞めたでいいよ」と言われたんですよね。

木村　本当に最後のところでした。

小野田　私は逃げ道というのは2つだと考えています。一つはしんどくなる前のそういう自分を客観視できるような、話せる集団みたいなところが一つあること。もう一つは本当に極限状態に追い詰められたときに、逃げることは悪くないんだと思うこと。私はお母様の言葉を後者の意味で受け止めたんですけれど、それでよろしいでしょうか。

木村　そうですね。でも当時の私の中には、本当に辞めてもいいという感覚はあまりなくて、娘が辞めたいと言う前に、私が辞めなさいというふうに声はかけなかった。

小野田　そうすると改めて親へのメッセージというところとつながるんですが、いまだったら親という立場で娘が辞めると言ったときに、うん、辞めてもいいんだという、そういう思いがありますか。

木村　そうなのですが、親へのメッセージとした場合に、木村百合子のようなことが起こり得るんだということを意識に入れて欲しいです。私はそういうことが起こるとは想像しなかったので。本当に無責任ですけれどわからなかった。娘が亡くなるなんて想像もしなかった。私は百合子が生きている間もずっと神様に「助けてください」と言っていましたけれども、それは大変な状況から助けて欲しいということであって、命を助けてくださいというところまで私の意識はいっていなかったのです。

小野田　いま改めて教師を子に持つ親御さんたちに、本当に木村百合子さんのようなことだってあり得るんだということをわかってもらいたい。それは本当に命の問題なんだという、そこをわかった上でわが子を見てやって欲しいということですね。小笠原さんにも、若い教師に向けてのメッセージをお願いします。

小笠原　そうですね、若い先生に向けてというよりも、すべての先生に対してなのですが、教職というのは本当に尊《とうと》い仕事だと思うんですね。だから自分は本当に尊い仕事をしているんだということを日々確認して欲しいと思います。やはりバッシングを受けて自信をなくしている先生も多いと思うのですが、本当にものすごく尊い仕事にかかわっているんだということをプラスに感じて欲しいし、もっと自信をもって威張っていいと思うんですよ。威張るというと語弊があるかもしれませんが、自分がやっている仕事をもっと肯定して欲しいというのが一つ。

もう一つも先生全体に対してなのですが、労働条件をよくするということを〝権利〟だと言うと、また市民の人たちに怒られると言うだろうから、私は〝義務〟だと思って欲しいです。自分が母親をやっていて思うんですが、やはり自分に余裕がないときに、いい子育てはできないですよね。それと同じように、クオリティの高い教育を子どもたちに提供しようと思ったら、自分の労働環境をある程度ゆとりを持って用意しておくというのが先生たちの義務であると。それを能力ではなく、制度的に確保すること。採用試験に受かった人であれば誰でも、普通に仕事をこなしていれば、それだけの余裕が確保できるというような環境を獲得する。このことは、クオリティの高い教育を提供するための自分たちの義務だというふうに思って欲しいと思います。そうでも言わないと、自分たちが楽に仕事をするということは、何か申し訳ないみたいに感じていらっしゃる方が多いと思うので、発想を変えていただきたいなと思います。

小野田　本日はありがとうございました。

（2012（平成24）年10月24日　はままつ共同法律事務所にて）

［プロフィール］

木村 和子
（きむら かずこ）
娘（木村百合子さん）と同じ被害に遭う新規採用者の教員が、また現われてしまうという思いから、娘の自死は公務の過重さが原因であるとして、公務災害の認定を求めることを決意。

［プロフィール］

小笠原 里夏
（おがさわら りか）
はままつ共同法律事務所・弁護士。依頼者の方が抱えるトラブルを根本的に解決できるよう、的確な法的サポートを提供することを心がけている。

小野田研究ノート

02

先輩教師も保護者と向き合うことに苦労した

～若い先生への手紙

先輩教師の述懐《じゅっかい》

還暦近い老練な保育園長がしみじみと語りました。

《いま盛んに保護者対応だとか保護者支援という言葉が飛び交っていて、若い保育士や教師が苦労しているように言われますけど、そういった苦しさは昔からいくらでもありました。私も40年前の短大を出たてのころ、園児のトラブルで、その親御さんと話をしていた際に「産んだこともないくせに！」って、面と向かって言われて本当に落ち込んだことが何度もありました。「私だって一生懸命なのに……」と、つっぷして泣いていたこともありますし、腹が立ってしようがなく、歩きながらお店の看板を蹴ったこともあります。軽く、ですけどね（笑）。

当時の私は、そんなつもりはなかったのですが、ちょっと上から目線でモノを言っている雰囲気を漂わせていたんだろうと思います。相手の親御さんの置かれた状況を推し量ったり、家庭の状況をおもんぱかったりすることもなく、親御さんの不安やグチ、絞《しぼ》り出すようにしてしゃべっておられたわが子への思いは聞き流して、ともかく伝えておかなければいけないという一心から、園側として言いたいことや論理だけを、押しつけていたんだろうなぁと思います。

ようやく30歳を過ぎてからですかねぇ……。自分も結婚し、子どもができて、働きながら子育てをすることがどんなに大変かわかったのは。職場でやらなきゃいけない仕事は山のように降ってくるし、家のこともやらなきゃいけないし、わが子がどこかで悪さをして、他人に迷惑をかけているのではないかと不安に思ったり……。そこでようやく、多くの親御さんがときとして激しい口調で「結婚したことも、子どもも産んだこともないから、（あなたには）わからないでしょうけど！」とつっかかってこられる意味がわかりました。だって、ついついそう言いたくなりますもん（笑）。

あの言葉には、非難したり否定したりする意味はほとんどなくて「私だって辛《つら》いのよ。そのことをちょっとは（先生が）受け止めてよ！」っていう、頼ってくるというよりも、一種の悲鳴にも似た思いがこみ上げて出てきたものかもしれません。

それにね、正直言って、相手が自分より10歳以上も年下だと「こんな若い先生に、わが子を任せて大丈夫かしら」という漠然《ばくぜん》とした不安がよぎるのは普通だし「ここは一発ガツンと言っておいた方がいいわね」という年上という立場と、私には子どもがいるという鬱屈《うっくつ》した優越感が湧《わ》くことがあるのよねぇ。もちろん、若すぎて子どもを預ける不安があるといっても、さほど根拠のないものだけど》

若い先生を待ち望んでいました

若い教師の皆さん。学校現場は、皆さんが教師として学校に来られることを、本当に待ち望んでいましたよ。

第2次ベビーブームのときに大量採用された教職員が、40歳代後半から50歳代で多数を占めていた数年前、学校全体になんとなく加齢臭《かれいしゅう》が漂っているという言い方は語弊《ごへい》がありますが、明らかに活気が少なかったです。「身体が思うように動かない」「子どもたちのありあまるエネルギーについていけない」「30代後半なのに、この学校で私が一番若いんです」そんな消極的な声を、私は何度も聞かされてきました。「若い人（の血）が欲し～い」まるで吸血鬼・ドラキュラのようでした。

それから5年、あっという間に大都市部を抱える都府県では大量退職とともに、若い教師の採用が急増しています。やがて数年後には、これは他道県に及んでいきます。

たくさんの若い先生の登場を、子どもたちも待ち望んでいました。だって若いし元気だし、いっしょに遊んでくれるし、話題だって合うことが多いし〝年の離れた兄ちゃんや姉ちゃん〟って感じもありますもんね。みずみずしさは、最高の宝物なのです。言葉は悪いですが、それまでの先生は、子どもたちにとっては、おじいちゃんやおばあちゃんに近かったのです。

「好きで教師になったので、子どもたちとの関係づくりはいいけど……、その保護者は……ちょっとというか、だいぶ苦手《にがて》です」って感じる教師も多いと思います。だって「モンスターペアレント」なんて言葉も流行《はや》っちゃってますからね。マスコミでもいろいろ言われてるし、バラエティ番組でも変に取り上げられているし、それにそもそも大学の教員養成カリキュラムでは、何にも教えてもらってないし……、と不安が先に立つことがありますね。授業参観もそうだけど、個人懇談や家庭訪問で「親御さんから何を言われるんだろうか、何を聞かれるんだろうか」と考えるだけで緊張してしまうことも多いと思います。

笑い話ではないのですが、新米はおいしくて喜ばれるけど、新米教師は不安をもって見られることが多いです。でも誰だって新米だった時期はあるし、年を経ることによって経験値を高めていくものなのですよ。あなたの周りにいる年配の教師に聞いてごらんなさい。先の保育園長の語りのように、誰もが一つや二つの失敗や苦い経験を持っています。その先輩教師からいくつかのアドバイスを、謙虚に聞いておくことが、いますぐには実行できないけど、1年後にはけっこう役に立つと思います。

恥ずかしくて、そんなこと隣の先生なんかに聞けない、それにとっても忙しそうだし、邪魔しちゃ悪いから、と思っていてはだめです。年配の教師たちの感想を聞くと、いまの若い先生たちは自分たちのときと比べて、とっても優秀で何でもできるし、うらやましいと言います。でもただ一つ欠点を挙げると〝何でも完璧を求めようとし過ぎるし、アバウトが許せないという思い込みが強いところかなぁ〟という印象を語る先輩教師が多いです。

まぁ、それが若さという特権でしょう。誰もが失敗を重ねて、ときには叩かれて、少しずつ自信をつけていくのです。隙《すき》を見せないように鎧《よろい》で身を固めていると、他の先生方も、どうアドバイスしていいかわからなくなります。少し肩の力を抜きませんか。

うろたえず、一歩先の行動を

教師歴7年目のある男性小学校教師が、私にこんなことを話し始めました。「新任教師だったとき、それはそれは手荒い洗礼を、保護者の方たちから受けました」と。5年生の担任をしていたそうですが〝なぜ大事な5年の担任が新任なんだ〟と書かれた連絡帳を、10冊も受け取ったそうです。1人や2人からだけでも凹《へこ》むのに、10人の方からそんなことを書かれたら凹むどころの騒ぎではありません。

好きで5年生を受け持ったわけではなく、たまたま巡り合わせでそうなっただけのこと。でもその地域は、私立中学校への受験熱のたいそう高いところなので、5年生は一つの節目。さまざまなかたちで不安を持たれた親御さんたちが、幼稚園・保育園のときからのママ友集団を通して「みんなで書きましょう」と、不満というかたちでつながっていったのかもしれません。

「それで、先生はどうされたのですか?」と尋ねました。「ええ、たまたまそのすぐあとに、親御さんたちに連絡をしなければいけないことがあったんです。それで一軒一軒、電話をかけては、連絡帳の件を持ち出し、〝どういう意味で書かれたんでしょうか?〟と聞くと、皆さん〝いやぁ、そういう意味で書いたんとちゃいます、ごにょごにょ……〟と言うばかり。〝じゃあいったい、どういう意味で書いたんやねん!〟と、心の中でツッコミを入れてました」と笑いながら思い出を語りました。

表に見える保護者からの攻撃的な言葉や行動にたじろぐことはあるでしょうが、ビクついたりうろたえたりせずに、やっぱり教師の側から一歩先の行動を起こす⁉ それが大切なことかもしれませんね。

そうです、だから教えて欲しいんです

さて、もう一つアドバイスをしておきましょう。冒頭のところに書いた「結婚したことも、子どもも育てたことがないくせに！」と保護者から言われたときに、あなたはどう反応しますか？ 打撃的なトゲトゲしい投げかけの言葉ですが、前に述べたようにそれほど深い意味はないように思います。学校や教師を相手とした場合に、保護者自身が身構えるために「自分だって言いたいことがあるのよ！」という思いから、ついつい口をついて先生口撃（先制攻撃ではありません）として出てくるものなのです。

「そんなきついこと……言わなくても……私だって、大事なことだと思って……」と押し黙ってしまいますか？ それとも「でもね（そうは言いますけど）お母さん（お父さん）、あなたのお子さんのことでお話ししているんですよ」と言い返しますか？

私はどちらも得策ではないと思います。一度、順接や肯定の接続詞から始めてみてはどうでしょうか？「そうなんです。まだ若くてすいません、経験が足りなくて……」このように切り返すと、相手もいくぶんビックリします。だって結婚したこともないし、子どももいないのは事実なんですから。否定せずに、反論せずに、素直に認めちゃうんです。

そうすると、「えっ？　肯定してきたで、この先生」と一瞬言葉に詰まります。そこですかさず「だから、教えて欲しいんです。学校では、お子さんはこういう側面を時々見せることがあります。お家ではいかがでしょう。親御さんなりに感じたり知っておられることがあれば、教えていただけないでしょうか？」と言えば、今度は保護者の方がしゃべらなくてはいけなくなるのです。「えぇー、私が答えなきゃいけない場面になっちゃったわぁ……」

会話は言葉のキャッチボールなのです。自分がボールを持ったままだと、自分がずっと答え続けなければいけなくなります。でも、保護者にボールを投げ返せば、そこから会話が始まるのです。

子どもを真ん中に置きながら、話を進めていく。教師が感じている学校や学級での子どもの状況、それに子どもの家庭での様子を交えながら話し合う中で〝等身大のその子の評価〟をし合い、保護者自身が願っていることを確認しませんか。子どもの課題を確認して、その成長を喜び合えるところに、先生と保護者の関係づくりの基本があるのです。

保護者はわが子が一番ですから「1分の1」で見る側面が強いです。他方で教師はクラスの中の一人として見ることが多く「40分の1」「30分の1」として考える傾向があります。お互いが歩み寄り、そのズレを修正することが、子どもの本当の姿や思いを、いっしょになって確認し手を携えることにつながります。保護者と教師は敵ではありません。保護者を怖がらずに、子どもの成長を、ともに喜び合う存在が教師なのです。

06

対　談

追い詰められた教師が保護者を訴える時《いま》

× 宮崎 仁史
公立学校教諭

小野田　宮崎先生は２００３（平成15）年11月、地方裁判所に、公立高校教諭として保護者を訴える裁判を起こされました。当初は全面的に争うとしていた保護者側は、半年後に一転して和解を申し入れています。判決というかたちの決着ではありませんが、宮崎先生側の「全面勝訴」でした。まず、そもそもの発端からお話しいただけますか？

トラブルの始まりは

宮崎　２００３（平成15）年5月中旬に、運動部顧問だった外部指導員の女性教諭の指導に対する保護者のクレームから始まりました。その部活は県で優勝するほどの成績を収めていた部で、女性教諭は指導者としてどうしても必要ということで、外部指導員として休日に来ていただいていたのです。

文化祭でクラブごとの発表があって、女性教諭が1年生、2年生、3年生それぞれのチームが同じ時間で発表するというプログラムを企画しました。文化祭が終わってからすぐに、生徒の保護者から「3年生全体の親として言うが、もう少し3年生を出して欲しかった。3年生の発表時間が1、2年生と同じなのはおかしい」というクレームがあり、その後に3年生の保護者5、6人が同じことを言いに来ました。その日は指導員の教諭がいない日だったので私の方で「1年生から3年生まで平等に時間を与えてステージ発表していくのは教育上の配慮であり、正しいことであります」と答えつつ、指導員の教諭に伝えたのがことの始まりです。

そこから指導員と生徒や保護者との間がぎくしゃくし始めまして、指導員の方から、「指導する側の意図がわからないのだったら、自分たちでやりますか、それとも私の指導を受けますか」と投げ返し、指導員の指導を今後とも受けるかどうか、3年生の生徒が相談する機会がありました。その結果、強くなりたいからこの先生の指導に従っていきたいということになったのですが、対象の生徒は先生の指導は受けたくない、自分たちだけでやりたいという思いがあって、不満に思ったようです。ふたたび指導員の指導を受けていたのですが、やはりわだかまりがあったのか、練習中に怒って練習場から出て家に帰ってしまったのです。

その後、生徒の両親がやってきて、父親は女性教員（指導員）に感情的な抗議を行いました。同席していたもう一人の保護者と私はその場をいったん収めて帰ってもらいました。指導員はその状況に相当の衝撃を受け精神的疾患を患うようになりました。

保護者の要求とは

小野田　そこから保護者の要求がエスカレートしていくわけですね。

宮崎　5月下旬に保護者が校長に面会を申し出て、校長室で保護者と校長と教頭と私の5人で、午後8時から10時半ぐらいまで2時間半にわたって話をしました。「娘に対する指導をどう考えているのか、娘の心が指導員の指導によって傷ついた、どうしてくれるんだ」と。要求は、指導員が辞めることと私の謝罪でした。

指導員は、父親からの激しい抗議で精神的にもダメージを受けていましたので、すぐに身を引かせてもよかったのですが、部活の県大会が間近《まぢか》にあって優勝が濃厚なので県大会までは指導員に指導させ、その後は身を引くという判断をしました。それに、指導員がいきなり身を引いてしまうと、周りの部員がどうして先生を辞めさせたんだとそのお子さんを責めることもある、お子さんの立場も考えましょう、と提案しました。そこでお互いの共通理解が得られたと思います。

私の方の謝罪については、「私はほとんどその場にいませんでしたが、校内では私が監督責任を持っている立場にあります。言った、言わないということについては私は言及しません。そう受けとられている部分についてはすべて受け入れ、娘さんに辛い思いをさせたことについては、深くお詫びいたします。今後そういうことのないように気を付けていきます」と謝罪しました。それで、保護者も納得してもらいその夜は終わりました。

エスカレートするクレーム

小野田　言った、言わないはともかくとして、生徒を心理的に追い詰めてしまったという事実に謝罪する、これは全然問題ないですね。そして、今後どうするかということについて、県大会までは指導して身を引くと提案して保護者も納得した。普通はここで収まるのが普通ですね、ところがそうならなかった。

宮崎　1週間後にまた校長に面会を求めてきました。教頭と私も同席したのですが、内容は前回の会談後、管理職とともに両親を見送ったときの私の態度が悪かったと言うものでした。心から謝罪している人間とは思えない。謝罪する気持ちはないだろうということでした。このときから私はちょっと方向性を変えて対処するべきだなと感じましたが、「私の行動がそう受けとられたことに対しては大変申し訳ない。でも不注意な行動が私の気持ちの表れだというのはまったく誤解であって、謝罪する気持ちは変わりませんし、今後謝罪することも厭《いと》わない」と答えました。「それでは謝罪にならない。子どもの傷ついた気持ちを今後どうしてくれるのか、具体的にどうするのか」と問われたので、「娘さんは3年生でもあり、精神状態をきちっと安定させて、無事にこの学校を卒業させることが私の責任であるので、そういったことで責任を果たします」と言ったところ、「そんなことで責任を果たしたことにならない、どうやって果たすんだ」と。

前回は責任を取れという要求はありませんでしたが、このときはどうやって責任を取るのかという責任論に移りました。この面談を最後にこの両親と面談することはありませんでした。後で知りましたが、校長、教頭に対する要求は、私を転勤させろ、辞めさせろということでした。

それからまた1週間ほど経って、3回目の面会がありました。私は15分ほど同席したのですが、突然、「娘さんをいまの精神状態に追いやったすべての責任は私にありますという謝罪文を書け」という要求が出てきたのです。面会以前に、校長、教頭もその要求を私に提示することを了承していました。謝罪文を書く、書かないは私の判断に依ることになりました。私は、「すべてに対して私に責任があるとは思ってないし、私のいまの現在の状況では、謝罪はしますが、謝罪文を書くことはできません」と拒絶しました。するとすぐに退席を命じられました。その後は校長、教頭と保護者の交渉が続いていきました。

小野田　後になって、このときに謝罪文を書かなかったのは実は非常に有効だったと弁護士さんからも言われたそうですね。一般の先生からすると、もういいやと思って書いてしまいがちです。一度謝ると、どんどん後退させられて崖っぷちに追い詰められることになりますが、先生の場合にはそれはおかしいだろうと拒絶された。それは、2回目の面会後に、両親を見送った際の態度がなっていないと、クレームを言われた段階でおかしいと感じられたからですか？

宮崎　因縁をつけると呼ぶに等しい内容であるのではないかなと感じました。私の方には、例えば、体罰とか、暴言とか、罵《のの》るとかいう法的な落ち度も負い目も一切ありませんでした。たまたま、いままでの経験上、多少の法律の知識があって、向こうは何とかしてこちらの教育上の落ち度を認めさせようという意思があるのではないのだろうかということを感じたので、その時点では拒絶しました。しかし、その場では拒絶する言葉を発するには相当勇気を必要としました。

小野田　先生は校務分掌《ぶんしょう》で生徒指導分野をずっと担当しておられて、警察などの司法関係や児童相談所、福祉事務所あるいは医療などのさまざまな関係機関ともつながりをもっておられます。先生の20年近いキャリアは、今回の事案にとってすごく大きかったと。ただ、当事者になると第三者的に冷静に見ることはなかなか難しいですよね。それができたのは、なぜだと思いますか？

宮崎　今回は私が当事者になりましたが、いままでは他の教諭などが当事者となり、それをバックアップする立場にずっといて、保護者から要求が出されたときに、私が要求にストップをかけるか受け入れるかという判断をしていました。また、私自身も警察で非行を犯した生徒について、学校生活の様子など調書を取られることが何度もありましたし、少年裁判で家裁にも傍聴に行って、どのようなところで法的な判断が生まれるのか、ある程度わかっていました。そうした経験が役に立ったと思います。
もちろん実際に自分が当事者になってみると本当に難しかったのですが、教育上も法律上も落ち度がないという自信があったのが一番でしょうか。最初のクレームがきたときに、ひょっとするとこじれるかもしれないという直感がありまして、常にこちらには落ち度がないと意識するようにしていました。
対象生徒の保護者は、私だけではなく、指導員の女性教諭とも2度ほど面談しています。私に対するよりも詰め寄って、謝罪文を書くように要求しましたが、私は指導員の女性教諭に、「私は断った。君も書くべきじゃないから止めなさい。教育上も法律上も落ち度が一切ないわけだから、責任の所在を証拠に残すようなことは絶対にダメだ」と言いました。彼女は精神的に相当追い詰められていて、精神科の診断書を提出していましたので、保護者も攻めにくかったのかと思います。さらに保護者側は指導員の転勤先の学校にまで電話をして、面会を要求したのですが、先方の校長はかなりしっかりされた方で、学校が違うから一切協議は行わないということで話をつけていただきました。

小野田　そこで宮崎先生だけがターゲットになったと。そして、今後もっとこじれるかもしれないという直感を持たれたというお話ですが、保護者の要求は〝誠意を見せろ、辞めろ、転勤させろ〟ということですよね。それが本当のねらいなのかどうかというと、必ずしもそうではないだろうと思いますが。

宮崎　最初のやり取りからそうですが、私を辞めさせろというのは法的にはできない要求だということは相手もわかっていたと思います。何か別の解決方法を求めているのではないかと思いましたが、校長にそれを言っても受け入れるような姿勢ではまったくなかったので言っていませんし、教育委員会も「親御さんの子どもかわいさもあるでしょうし」という対応で、私と同じような見方をしてくれることはありませんでした。私は民事暴力対策法ができたときにちょっと興味があったので、いくつか本を読んだり、「ミンボーの女」を見たりしていて、本当に参考になりました。

小野田 民事暴力と直感したわけですね。実は暴力や金品の要求が背後に見えるケースは、あまりマスコミで騒がれていませんが、いくつもあるんです。私も全国を回っていて、体罰事案だったはずが相応の謝罪と賠償で許されずに過大な要求へと突き進んだり、小さなトラブルの処理をめぐって、保護者が教師に暴力をふるったり法外な損害賠償や慰謝料《いしゃりょう》の請求をしたりするのは、事実としてあります。先生のケースもおそらくそうでしょうね。

相手が謝罪文を要求したのが3回目の面会で、次は?

管理職の対応は

宮崎 6月中旬になって、対象生徒が診断書を持って来ました。診断書の内容は裁判資料にもありますが、心身症だと。それからまた1週間ほどして、その子と仲のいい子も診断書を持ってきたんです。これも心身症。保護者は「校長、教頭が私に対して甘い、処分もできない」と言うわけです。処分できないのは当たり前なのだが、処分できないとはっきりと言えずにいると、のらりくらりしていると思われたのでしょう、学校と私を訴えると言い出したのです。ここで校長と教頭は私に「授業するな、職員室から出るな」と言うわけです。

私は、「診断書には心身症という症状があるだけだ。心身症は本人のパーソナリティによるところが大きいし、原因は特定できないはずだ。診断書に私個人の名前が挙がっていましたか」と反論しましたが、「いや、生徒の前に君は顔を出すな」と。「訴えると言っても、私個人は訴えられませんよ。学校を訴えたとしても校長が訴えられるのではなくて、市が訴えられるんですよ。第一、何を訴えるんですか。訴えることないじゃないですか」とも言いましたが、校長は右往左往《うおうさおう》するばかりでした。「校長としてこの件の最後の落としどころをどこにしようと考えていますか」と尋ねたことがありましたが、答えは返ってこなかったですね。誠意をもって対処するしかないだろうと。今度は校長、教頭との闘いになっていきました。この構図が一番しんどかったです。

その後、裁判になるかもしれないということで、教育委員会の調査係の聞き取りがありました。調査係は行政の人なので、専門の知識もあり、保護者の言い分、私の言い分から判断して、事件にもならないたわいもないことだから、学校で解決しなさいと校長に返したようでした。校長はどうしていいかわからない状態になったのではないでしょうか。それに加えて調査期間に、先の担当の調査係が年度途中で転勤して新しい調査係に代わり、また一からやり直しとなり、保護者への私の処遇についての回答がかなり延びてしまいました。保護者は攻撃を強めたし、校長はまた不安を抱いてしまい、校長の方から積極的に話を持っていかないまましばらく放置してしまったのです。もし校長が「お父さんどこまで何をしたいんですか、無理なことはわかっているでしょ。裁判するならしてください。学校はこれ以上対処できません」とはっきり言葉にしていれば状況は変わっていたかもしれません。

逆に私に対して、いまから裁判を抱えても何のメリットもない。これからの君の将来にもよくない。君を守るためにも裁判にならないよう協力してくれという主旨の発言がありました。

小野田　私の所にも学校の先生が保護者から「辞めろ、辞めないと訴える」と言われて相談に来ることがあります。私は訴えたところで救済されるべき法的利益、子ども同士の実害があるのかどうか、法的利益がなければ学校が負ける可能性は99・9％ないから、うろたえるな。管理職が毅然《きぜん》とした対応をとらなければ一般教員は翻弄《ほんろう》されるばかりだとアドバイスをしています。先生も正《まさ》しくそのケースですね。6月の段階で止められるか止められないかが大きかったと思います。その後、先生は夏休みを利用して、弁護士の無料相談に行っておられますね。そして、弁護士会の法律相談に申し込んだのは9月中旬。インターネットの掲示板を使った攻撃が始まってからですね。

インターネット上の誹謗中傷《ひぼうちゅうしょう》へ

宮崎　始まったのは9月初めでした。学校のホームページの掲示板に、保護者側が宮崎はセクハラ教師だとか、不倫教師だ、不貞教員だという書き込みを始めました。教育委員会が見つけて校長にすぐに閉鎖するように指示をして、フィルターをかけたので1週間ほどで閉鎖したのですが、別の掲示板を立ち上げてまた始まりました。

内容は、過去に私が停学につながるような生徒指導をしてきつい言葉を浴びせた子から聞き取ったような、「お前をやめさせる権利があるんや」という発言とか、学校で女の先生と歩いていたところを見て「仲ええな」ってからかった子どもの発言を取ってきたりとか、あとはもうまったく根も葉もないことでした。私は生徒全体を指揮する場面も多い学年主任でありますし、生徒指導に関する講話を全校生の前で行っており、学校の中では目立っていた人間でもありますので、掲示板のようなところでの話題には事欠かなかったと思います。

小野田　渦中《かちゅう》の生徒が中心となって見聞きしたもの、あるいはつくり上げたものがほとんどで、その親がそれをネットにあげるというかたちですね。どのぐらいの数だったんですか？

宮崎　書き込みをしている人間は15から30ぐらいですが、そのうちの4、5人は同一グループで、対象生徒や保護者の仲間だと思われました。時々それを見た真面目な子が書き込んでくれていたんですが、「信じてたのに」って書き込んであって、普通の子が変わっていく方がショックでしたね。

小野田　デマがどんどん流される中で、先生は反論を書かなかった。どうしても思わず反撃したくなると思いますが。

宮崎　ネットカフェに行って応援のメッセージを自分で書こうかと思ったときもありましたし、仲のいい何人かに対抗することを書いてくれという気持ちもありました。しかし自分は正義に対する使命感だけでたたかっていましたので、それを失くすとぶれてしまう。人を巻き込むとどんどん泥沼にはまるからとにかく誰も引き入れまいと、何度も自分に言い聞かせました。本当に辛かったですが、ともかくチャンスがあると信じて待ちました。

弁護士に相談

小野田　その状況の中で、これはもう正式に弁護士に相談せざるを得ないと思われたんですね。

宮崎　いままでの口で言うクレームや誹謗中傷《ひぼうちゅうしょう》だけではまだ弱いと私自身も思っていましたが、きちっと証拠になるようなものが残ったので、プリントアウトして、いままでの状況を話に行きました。プリントアウトするときは一番辛かったですね。何でこんなのプリントアウトせんといかんのかって。何よりも、これを生徒が見ている、見ている子どもたちは動揺している。我々の仕事は信頼とか教育的な権威で子どもらを動かしているようなものです。しかも学年主任という立場で、信用が失墜《しっつい》した中で指導するということはできないので、一番しんどいときでしたね。

小野田　それで9月中旬に代理人弁護士となる弁護士がいる事務所に出向いたわけですね。名誉棄損《きそん》というかたちで行けるのではないかと。

宮崎　それまで一応、調べてはいたのですが、インターネットの書き込みだけで名誉棄損まで取れるのかわからなかったので、専門家の方の意見を聞きたいと思いました。弁護士に「これはもうたたかえるし、たたかわなければならない」と言われて自信が持てましたし、教育に特化させずに一般の民事事件として扱ってくれましたので、そういう意味でも信頼できました。インターネットへの書き込みに関しては、まず掲示板のプロバイダーの方へ弁護士の署名で書き込みをして、それから内容証明の差し止め要求を送って、掲示板が削除されたのです。

突然の休職命令から異動へ

小野田　そして9月の最終の日曜日に、校長から突然電話がかかってきて、休職の話が。

宮崎　どのようないきさつでこの話が出てきたのかわかりませんが、渦中の生徒は3年生だから、保護者の要求を受け入れ卒業までの半年間、宮崎を休職させるという案が考えられたようです。校長から呼び出されて、診断書を書いてもらって休職して欲しい。とにかく休んでくれないかと言われました。それまでは校長とは指導上の行き違いもありましたが、私は校長を認めていました。しかし、ここでもう決別しようと思いました。休職の手続きは自分で医者に行き精神疾患の診断書を書いてもらうように言われ、収入やその間の生活の保障などもまったく考えられていなかったので憤慨して帰宅しました。教育委員会の教職員課の係長と話をしまして、ここまできたら信頼も崩れている、このまま職員室に半年間もいるわけにはいかないのできちんと措置をして欲しいと言いました。それで、10月1日付で総合教育センターという教育委員会の一部署に異動になったのです。

仮処分申請から訴訟の提起まで

小野田　裁判の話に戻りますが、9月30日にインターネットの掲示板の書き込み禁止の仮処分申請をされましたが。

宮崎　仮処分申請のきっかけは、保護者側が私を糾弾《きゅうだん》する教育集会を開催するという文書を、教育委員会やマスコミ各社にファックスで送ったことです。掲示板が削除されてひと安心というところだったのですが、いろいろな手を使って精神的な攻撃をしてきました。弁護士と相談をして、この集会の中止と、インターネット上での誹謗中傷や面談の強要の禁止をつけて出そうということになりました。仮処分が下りたのが10月3日金曜日です。双方が呼ばれての審尋《しんじん》がありまして、保護者側は父親が1人で来ていました。「集会を中止する意図はありませんか?」という裁判官の問い合わせに対して、父親は「北方ジャーナル」の件を出して表現の自由を主張し、詳しい内容については一切主張しませんでした。審尋は5分で終わり、その日のうちに、『保護者側は宮崎を誹謗中傷してはならない、そのための集会その他を持ってはならない』という仮処分の通知が双方に送られてきました。日曜日の集会は開かれましたが、仮処分が出ているために、私のことにはほとんど触れられなかったようです。

小野田　この後本訴になりますが、最初から仮処分の後に本訴をするという腹積もりでいたのですか?

宮崎　仮処分、間接強制、本訴という流れは弁護士との闘争方針で決めていました。仮処分も間接強制もあくまでも仮ですから、これを勝ち取るために本訴をという説明を最初に受けていました。もちろん私も終わるつもりはなかったですし、とにかく相手方に対して〝ここで終わり〟ということを見せない限り、問題は解決しないと思っていました。

小野田　実際に11月に本訴を起こされて、当初は保護者側も全面的に争うとしていましたね。弁護士さんから先の見通しのようなことは聞いていましたか?

宮崎　裁判ですからどうなるかわからないということははっきり言われました。こちらとしては有利な素材はあると私自身は感じていましたが、弁護士からは大丈夫だということは一度も聞いていないです。ただ、「裁判官が3人ついて、今回のようなケースで裁判官が3人つくことはかなり重要な問題として扱っている。客観性は出てくるのでよかった」ということは言われました。

小野田　裁判では外部指導員の女性教諭と2人で原告になっておられます。共同歩調をとるのも大変だったと思いますが、いかがですか？

宮崎　指導員の方はちょうど私の10歳下で、22歳で教員になったときから10年間ずっと私の下で働いていましたので、共通理解はできていました。指導力のある教員で、自分が原因で起こしたことですし、当該生徒自身よりも部活全体を見ていて他の子に対する影響も考えていましたし、潔白を晴らしたいという思いもありました。弁護士さんからも2人で訴えないとあまり意味がないですし、相当辛い闘いにもなるので、複数でした方がいいという勧めもありましたので。

教師が保護者を訴えるのは、あってはならないことなのか？

小野田　宮崎先生がその先生を説得するまでもなく、自らやりましょうと。その先生も名誉を傷つけられていますからね。先生が提訴した2003（平成15）年当時は、「保護者対応」という言葉はあったと思いますが、それがどれほど深刻な事態であるのか、まだマスコミ等によって認知されていなくて、むしろ学校や教師に対するバッシングが強かった頃です。そのような状況の中で、あえて対保護者との訴訟に踏み切られたわけですが、不安はありませんでしたか？

宮崎　やはりマスコミに出たときに教師の側が叩かれるという怖さはありました。教員というのは子どもとの信頼関係が一番で、何があろうとも信頼関係が崩れたらダメだ、どんな相手でもそういう問題が起きないのが優秀な教師だ、保護者を訴えるなんてとんでもないという風潮がありますからね。当時としてはセンセーショナルなことだとは思っていましたので、それは怖かったです。判決自体も世論に流されるところがあるので。

小野田　子どもや生徒との信頼関係があれば親からクレームつけられることはない、逆の言い方をすると、親からクレームつけられるのは教師として落ち度があるか、能力が低いからだという論理になるわけですね。逆に教師が訴えられるのは教師として不適格だというイコールが結ばれてしまう。しかしそれは普通の関係はそうだけれども、普通ではなくなる可能性もときとしてはあるんだということを、どう見るかですね。

宮崎　当時は〝不適格教師〟とか〝教員の資質向上〟がいわれた全盛期で、免許法改正に至る始まりができた頃だったのではと思います。しかし、保護者が目的をもって教員を攻撃する場合、教員ほど無防備で弱い立場はないですし、学校ほど金銭目的にたかりをしてくる保護者に対して危機管理ができずに無防備な組織はないと思います。それが一番だと思いますね。

小野田　弁護士さんにとっては恐らく前代未聞《ぜんだいみもん》のケースだったのではないでしょうか。名誉棄損は世の中にいくつかあるけれども、教師が保護者を訴えるということはないと。だから先ほど言われたように判決はどうなるかわからない、と。他に弁護士さんは何か言われていましたか？

宮崎　「初めてのケースだからどうなるかわからない」とは言われていました。ただ、弁護士さんはかなり優秀な方だという印象を受けました。私自身、弁護士さんに丸投げしてやってもらえるという感覚はなくて、自分である程度の方向性と法的な知識を持って弁護士さんと話をして、弁護士さんも意見を言う、そしてたたかう方向性がちょうど一致したので、よかったと思っています。任せて安心だなと思いました。

例えばインターネット上の書き込みを規制する法律がなかった当時、プロバイダーに削除要求の内容証明を送ってサッと止めてくれましたし、集会についてもすぐに止めるための仮処分にもっていってもらい、信頼が持てました。ただ訴えればいい、弁護士に頼めばいいというのでは失敗したと思います。

小野田　当初は全面的に争うとしていた保護者側が2003（平成15）年6月に和解を申し入れるわけですが、同じ6月に佐世保の小学校6年生がネット上のやり取りから同級生を刺した事件があって、その翌日に和解の申し入れがあったんですね。

宮崎　事件がきっかけになったかどうかはわかりませんが、社会的には単なるネットの書き込みだからというような軽いとらえ方はなくなっていたと思います。弁護士から和解の連絡を受けて、驚きはしましたが、やはりそうかという思いの方が強かったです。前述の「ミンボーの女」の中に法律をわかっている者は無駄な争いはしない、引き際が早いという内容のせりふがあったのです。

小野田　和解調停書には、提訴から裁判に至る経緯を当事者として公表してはいけないという条項がありませんね。この点は宮崎先生が一番こだわられたこととお聞きしています。

周囲への配慮と自身の思い

小野田　訴訟を提起するのには覚悟がいるし、費用もご自身のエネルギーも相当のものだと思います。家族の支援もあったでしょうし、同僚たちからも好奇な目で見られた。これらをどのようなかたちで自分自身として一つひとつ納得させていかれたのでしょうか。

宮崎　家族については、子どものことをインターネット上や保護者側の同人誌に書かれたことがあって、事実無根なんですが、子どもは高校に在籍していて、家族は別居しているという感じで……。そういうときにはやっぱり怖かったですね。背後に右翼団体がついているような雰囲気を感じさせるように、心理的な不安を煽《あお》られましたので。教育委員会の別の部門に、私の子どもの安全は大丈夫かと相談したのですが、「過剰反応だけはやめておいた方がいい」と説得も受けたりはしました。子どもは高校生、中学生でありましたし、状況がわかったら恐怖感も感じますので、できるだけ知らせないようにしました。「弁護士がついてたたかっているから心配はない、普通通り生活しといたら構わないから」と言っていましたので、具体的な細かいところまでは実は知らないと思います。

小野田　奥様や御親戚の方、先生のご両親は？

宮崎　父も退職しましたが校長でしたから、校長仲間から若干のことは聞いていたようですが、詳しいことは知らなかったと思います。裁判の結果が出てからすべてがわかるわけですし、グレーな中でどちらが正しいという論争をするのが嫌でしたので、父には「いまは裁判中だから、裁判の結果が出たらみんなに知らせます」と言って知らせずにいました。妻は、不安なところがあったと思いますが、私自身が学校から教育委員会の内部に転勤して、人とあまり接することがない部署でしたので、その意味では安定した生活が送れたと思います。

ただ、やはり私自身、3年の学年主任で半年後に卒業式を控えている中、年度途中の異動はしんどかったですね。どうしてここまでこじれたのかという思いでいました。それから、10月1日付から半年間の異動で、3月31日以降どうなるのかという不安もありました。異動先は中学校の校長を退職して嘱託《しょくたく》で来られる先生方が在籍している場所ですし、とにかく忠実に働いていこうという気持ちが強かったのですが、ただその先のことは不安でした。名誉棄損で訴えても本当に名誉回復ができるのか、この先どうなっていくのかと。

裁判に入ってからは個人的な攻撃がなくなったので楽になりました。提訴まではたたかう、負けないという思いでいましたが、私への攻撃がなくなって心のゆとりができると、逆にどうしてこういう立場にいなければならないのか、なぜ自分が裁判をしないといけないのかと思い詰めることの方が多かったですね。

小野田　先生自身も精神的に不安になり、医者に行かれましたね。いつ頃ですか?

宮崎　教育委員会勤務の半年が終わってからです。この半年間に思い詰めてどんどん悪くなっていったみたいなんですね。いままで学校通いだったのが役所通いになり、一人で電車に乗って毎日明日はどうなるのかわからない。責任ある立場でずっときて、先頭を走っていた者が一番後ろへ回ったときの気持ちといいますか、そういった弱気な心理が働くんです。そこでだんだん追い詰められていって、自殺念慮《ねんりょ》も高まってきました。地下鉄に飛び込みたいと思ったこともあります。そのとき初めて自殺される方の気持ちがわかったんですよ。それまでは、子どもや家族のことを考えると自殺なんかよくできるなと思っていましたが、そういう感覚がまったくなくなるんですよね。とにかく地下鉄に飛び込みたいという衝動だけが出てくる。鬱《うつ》状態になって、その鬱状態の苦痛から飛び出す辛さが初めてわかりました。

小野田　教育委員会勤務の後、ある中学校に移られました。その後10年が経ち今日に至るわけですが。

宮崎　高校から中学への異動で、心機一転、一からスタートという気持ちで取り組もうとしました。しかし、30代に責任ある仕事を多く任されリーダー的な立場に立ち、人脈も相当できていたのに、そのような立場から中学へ行くとその人脈も何もなく、いきなり40代で新採扱いを受けているような印象を受けました。頭の中では理解していても気持ちはしんどかったですね。和解の内容が出てからは、現実的な勝訴であったにもかかわらず身分の回復がなく、結局向こうが要求したように私を学校から追い出したという現状になっているじゃないか、と思いました。しかも高校におれずに中学に行っている。実質的には敗訴と等しいじゃないかと、かなりのジレンマに陥りました。

しかし、少しずつですが、自分に対する処遇について嘆いているだけでは仕方ない、自分で道を開こうと思い始めました。いままでは自分自身も組織の人間としてやってきましたが、その結果がこの程度のことなのか、それだったら教育委員会という組織や管理職という立場とは決別して対等に渡り合おう、自分自身を高めていこうと考え教育行政を専攻し神戸大学大学院に合格し、教育学修士を取得することができました。そこに至るまでには随分と時間がかかりました。それから中学校に勤めて2年目から学年主任として6年間過ごしてきました。そこで原点に帰るような教育ができましたし、教えた子たちがまた私のもとに寄ってきますので、その意味ではプラスになったと思います。

埼玉の事案について

小野田　今年（2013（平成25）年）2月28日に、埼玉県内の公立小学校の女性教諭が保護者を訴えた事案の判決が埼玉地方裁判所・熊谷《くまがや》支部で出されました。被告の両親から連絡帳を使って度重なる教師批判が繰り返され、同時にある行為を暴行罪として警察に届け出が出されたことに対して、2010（平成22）年9月に名誉毀損による損害賠償を求めての提訴した事案です。判決は、原告の小学校教諭の訴えに対して、保護者からの連絡帳の文面は教諭の社会的地位を著《いちじる》しく低下させるものだということは認めました。しかし、校長・教頭・教務主任そして教委の課長の4名しか「激しく糾弾《きゅうだん》した」という連絡帳の原本コピーを見ていないから「公然性がない」ので、不法行為要件としての名誉毀損には該当しないという判決でした。この判決について、どのような意見や感想を持たれていますか？

宮崎　提訴されたときに、校長も教育委員会も学校を代表してこの先生が訴えているというコメントを出していたんですね。教育委員会も校長も逃げずに、先生側についてくれた裁判だと思いました。私も少しでもいいからそういう言葉が欲しかったなと思います。その点がとても印象的です。裁判の結果は敗訴となりましたが、細かいところを見ていくと、連絡帳に書かれている「悪魔のような先生」とか「教師不適格」というのは、明らかに教師に対する人格攻撃です。我々だって生身の人間であるので、人格攻撃されることによって、普通に職務を遂行できなくなる状況が必ずあるわけです。その辺りに対して、教育公務員に対するケアや規制できる法的な保護がいるのではないかと思います。だから法的判断を逃げて欲しくないなという気がしました。判決は判断を避けたのかなという印象があります。

小野田　学校側が先生についたということですが、それでもこの先生は孤立していたと思うんですよ。そうでなければ自分で弁護士事務所に駆け込まないでしょう。この先生なりにかなり覚悟してこの事案をやっていると思うんですよ。

宮崎　忠実に公務として職務をこなしていて、ある日突然に個人攻撃を受けたら、今度は自分の費用で個人でたたかわなければならないという矛盾ですね。

小野田　判決について私は埼玉新聞に次のようにコメントをしました。「両親と先生は両方とも極めて稀なケースだ。両親の行動は、普通は担任が2、3人変わるか、休職するか、自殺まで追いこまれるケースだ。このケースの場合、訴えることもやむを得ないと私は思う。社会的信用の失墜が争点になっているが、精神的な被害を前面に訴えればよかった。実際に判決文では被告らの行為を問題にすることは理解できるといって、かなり教師の側の心情に踏み込んでいる。訴え方を変えれば結果が違ったのではないか。この案件と同様の訴訟が全国で起きるとは思えないけれども、訴えることも可能だということが提示された」と。

それに対して、教育評論家の尾木直樹さんは、「公務員である教員が尽くすべき保護者を訴えるのはあってはならず、妥当な判決。一方で原告となった教諭も被害者と言える、教諭を守るはずの校長や教頭が訴訟以外の解決方法を提示しなかった」とコメントしています。結局、教師が保護者を訴えることはいいか悪いかという議論になっています。先生はどのようにお考えですか。

宮崎　教師がその要望に応えて協力していく保護者を訴えるのはあってはならないというジレンマに苦しめられて、何人の人が命を落としているかというところに目を向けて欲しいと思います。学校は無法地帯でも治外法権の場でもないわけで、しっかりとしたリーガルマインド（法的思考）を保たなければ人間の尊厳を教える学校としての役目はなくなるとおもいます。私は子どもたちに、「法律は人に迷惑をかけない決まりごとであり、人に気持ちのいい思いをさせるのが道徳やマナーだ」とよく言うのですが、学校は道徳、マナーを教える場として成立している。それを親が教師を攻撃したりすることで崩れていく。そのこと自体が、人間の尊厳を否定することにしかならないという強い思いを持っています。人間としての尊厳を教えるためにはまず規範としての法律を第一に考えるべきです。学校教育の中でも犯罪性のある人間、あるいは犯罪が予見できる人間がいる一方で、その人間と対峙《たいじ》したときにその人間を事前に守ってくれるものは何もない。そこは法律という最低限のところでたたかわなければならないし、たたかうべきだと私は思っています。

小野田　人権尊重とリーガルマインド。先ほど先生が言われたように、子どもとの信頼関係ができていれば教師は訴えられることはない、それは違うということですね。

宮崎　いまの学校現場では、信頼関係というのはすぐ憎しみに変わってしまうんですね。いままで先生、先生って来ていた子が、その子を相手にしなかったからといって途端に親が豹変《ひょうへん》する。だから信頼関係ということに頼らずに学校教育を進めていかないとダメじゃないかかな。それがリーガルマインドになるのか、どういったものになるかわかりませんが。子どもや親と教師の信頼関係がある中で子どもを預ける、信頼関係があるから生徒は何でも言うこと聞くという時代ではもうないんですね。これからの学校教育はそういったほころびが出てくるんではないかなと思うんです。

小野田　先生は民事提訴に関する3つの側面として、1つは原告で勝利を得た側面、2つ目に管理職の危機管理能力に対する不信、3つ目はご自身の経験から、自殺へと追い込まれる教師の救済、理不尽要求に対するルールづくり、管理職の教育プログラムの開発の必要性をあげておられます。最後に、いまもっとも訴えたいこと、当事者となった者として教師に伝えたいメッセージをお願いします。

宮崎　まず、今回は法的には勝利を得ましたが、法律的にシロと出ても社会的にシロと認められないケースもある、そこの見直しですね。刑事事件で誤認逮捕されて、一度引っ張られてしまうと犯罪人として扱われ、いくら後でシロだと言ってもそれが噂で広がってしまう。そうしたときの救済策が必要です。教員であればなおさらであって、シロと認められた人間に対する周囲の信頼をどのようにして回復するのか、というのが1つ。

2つ目は、今回のような保護者からのクレームに対して、一般教員の上司である管理職や、指導主事あるいは課長という役職のついた人は必ず「先生を守るために」という言葉を使って事を穏便《おんびん》に進めようとするわけです。教育的な冤罪《えんざい》を生んでいるときも、「先生のために」「あなたを守るために」と言われると、本来は反論したいところも反論できなくなってしまいます。「先生を守るから」と言われて、そのまま相手の言いなりになってしまうんですよね。クレームを言ってきた側のシナリオに基づいて事情聴取をされる怖さも今回経験しました。こちらがいくら違うと言ったとしても、どちらかが嘘をついている、その嘘を徹底的に究明するという捜査が始まるわけで、教師側に立って相手を見ることは一切してくれない。私に対する事情聴取は教育委員会、校長、教頭10数名にのぼったこともありますが、私の側に立って客観的に弁護してくれる人が1人もいませんでした。完全に犯罪人扱いの事情聴取になっていましたので、やはり調査される教員側を冷静にバックアップできる人間をつけるような調査機関が必要じゃないかなとも感じています。その辺りの改善は強く求めたいところです。

3つ目に、管理職は教員の命も預かっているということを常に自覚して欲しいと思います。一般企業の管理職であれば、会社が倒産すれば本人や家族を路頭《ろとう》に迷わせるという自覚と責任感もありますが、果たして校長がそこまでもっているのかどうか。一人の教員とその家族の幸せを担っているという見識を持ってもらいたいと思います。

私自身は、この一連のことが長年トラウマになっていました。トラウマから逃げる意味で、周りの人々に責任に押し付ける時期も長くありました。自分自身がうまくいかないことがあると、この件があったからだと思うこともあり、いつまでも拘《こだわ》ってしまって立ち直るきっかけがなかなかつかめないんです。私の場合は自分のスキルアップ、ステップアップを目指して何とか乗り越えようとしましたが、潰《つぶ》れていく先生方もいるんじゃないでしょうか。いまは教師と保護者が対等に見られるような時期だからこそ、教師自身も自分を守るために一般社会の事件や事故に対する法的知識ぐらいは兼ね備えておかなければならないと強く思っています。

最後に、信頼できる先生を1人でいいからもってほしいと思います。学校生活の中で本当にグチの言える先生を持つ、それが一番だと思います。近くで持てなかったら、いざというときに相談できる先を探しておく。関連の本を読む。とにかく自分の支えになるものを見つける。弱音を吐けるメンバーが一番大事だと思いますし、その弱音を吐いて妥当性のある人を見つけることを、最初に教師になったときから心がけてもらいたいと深く思います。

小野田　ありがとうございました。

（2013（平成25）年8月3日　大阪大学人間科学部教育制度学研究室にて）

［プロフィール］

宮崎 仁史
（みやざき ひとし）
公立中学校、高等学校教諭として勤続33年目。2011年神戸大大学院修了。その後、小野田教授の人柄と研究成果に触れ教師としての生きがいを再び取り戻す。

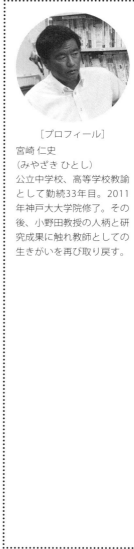

小野田研究ノート

03

教師が訴訟せざるを得ない背景
～管理職・教委の不作為と当事者の孤立・恐怖

教師が保護者を訴えた最初の訴訟？

全国的に校内暴力が猛威をふるっていたのは1980（昭和55）年前後から、地域によっては90年代頃であったが、その後においても再燃する校内暴力に悩んでいる学校はいくつもある。10数年前のこと、学校訪問を重ねていたときに、ある中学校校長からこんな話を聞かされた。生徒の対教師暴力によって、全治数週間のケガを負った若い教師がいた。その教師の保護者が（本人ではなく教師の親が）怒り心頭《しんとう》で「うちの子が理不尽な暴力に遭《あ》って、ケガをさせられた。相手の生徒の親に損害賠償の請求をしたい」と校長に申し出たという。

これまでは公務に起因するものとして公務災害として治療費などは補填《ほてん》されてきたが、理不尽な行為とはいえ、その加害生徒の親に民事請求をすることは当時は極めて稀《まれ》であった。当該教師は賠償請求の意思はまったくなく、自分の親を説得して、公務災害認定だけで終わったという。ちょうど、栃木県黒磯市（現・那須塩原市）の中学校で女性教師が、中学生にナイフで刺されて死亡するという衝撃的な事件（１９９８（平成10）年）で、教師の遺族の両親が加害生徒の親に対する損害賠償請求をおこなったというニュースが流れた頃である。

２０１０（平成22）年11月に、ある新聞社から私に取材要請が入った。埼玉県の公立小学校で、保護者が「連絡帳」（児童自身の備忘録《びぼうろく》であり、ときに保護者と担任の意思疎通のノート）の記載内容に、6月以来繰り返し教師への誹謗《ひぼう》・中傷《ちゅうしょう》を続け、また給食の後片付けの際に教諭が児童の背中に触れた行為を暴行罪として訴えられるに及んだため「もはや許せない」との決意の下、教諭が9月末に保護者を相手取って、名誉毀損《きそん》等で５００万円の損害賠償請求をした事案について「識者としてコメントが欲しい」というものだった。記者は「教師が保護者を民事裁判で訴えたケースは過去にありますか？」という質問をしたため、私は前記の黒磯中学校の事案の説明をした。

ただ直感的に「これは異様な事案だ。軽々しい返答はできない」と考え「精査する必要があるから、訴状を送ってもらいたい」と伝えた。訴訟資料を読み込んでみると、どういう経過が展開されたかがよくわかる。ただ私は、渦中《かちゅう》の小学生が提訴後においても毎日学校に通って、原告の教諭の下で授業を受け続けている事実を大切にする必要があると考え、記事にさせない努力を繰り返した。「コメントはしない。これを記事にするのは年度末を待ってやって欲しい。いまマスコミ公表ということになれば、2次被害ともいうべきものが起きる。年度末になれば、原告教諭は担任を外《はず》れるし、場合によっては転勤するだろう。それによって原告と被告の間に距離ができ、被告の子どもへの影響も少なくなるから」と強硬に説得し、その社は私の思いを受け止めてくれた。

しかし今度は別のマスコミに持ち込まれるだろうと、私は予測していた。原告ではなく、被告の保護者側によって。その度に（不遜と思われるかもしれないが）私のところにコメント依頼がくるだろう。そこでまた記事にしないように説得していくことを繰り返せば、限りなく年度末まで近づいていくという目算《もくさん》をしていた。事実、その後は朝日新聞社に情報がリークされる。

確かに朝日新聞社は、事前に私のところに連絡をしてきた（1月14日）。しかし私は携帯電話を持たず、また出張に出ていたため、見切り発車をした朝日は、2011（平成23）年1月18日の朝刊一面トップでこの事件を報じてしまった。この小学校の校長が裁判所に提出した文書（10月中旬）の中で「本保護者のようないわゆる『モンスターペアレンツ』に……（原告の教諭が）すべての教員を代表して訴訟を行っていると受け止めている」という表現があったために「モンスター・ペアレント訴訟」というネーミングで当時はずいぶん世間の注目を集めた。

ある現役教師の告白

その後、裁判の公判の過程では実に興味深いことも展開されるが、埼玉地方裁判所熊谷支部は、2013（平成25）年2月28日に、教諭の心情はわかるが、名誉毀損等の構成要件を満たさないとして、被告・保護者らに対する損害賠償請求を退ける判決を下した。その後、なぜか勝訴した被告側が控訴したが、東京高裁は不受理ということで判決が確定している。

2月28日の夕刻は、新聞4社から判決のコメントを求められて右往左往していたが、そのときに答えた内容を長く引用してくれたのが地方紙の「埼玉新聞」だった。見出しは「二つの方向性提示」で、次のように述べた。《両親と先生は両方とも極めてまれなケース。両親の行動は、普通は担任が2、3人変わるか、休職か自殺まで追い込まれるケース。訴えることもやむを得ないと思うし、（その）先生も（保護者を）訴えた後でも担任を続ける気丈《きじょう》な強さを持つ人だった。ただ弁護士は訴え方を間違った。社会的信用の失墜《しっつい》が争点になっているが、精神的な被害を前面に訴えれば良かった。実際に、判決文で「被告らの行為を問題にすることは理解できる」とあり、訴え方を変えれば結果は違ったのではないか。この判決で、同様な訴訟が全国で起きるとは思えないが、訴えることもありなんだという、一つの方向性が提示されたと思う》（2013（平成25）年3月1日付）

その2ヵ月後の4月初め、大阪の毎日放送（MBS）の米田《こめだ》というディレクターから連絡が入った。「10年前に関西の公立高校で、度重なる誹謗・中傷に耐えかねて、名誉毀損の賠償請求がなされているのです。その先生はまだ現役教師で、小野田先生の本も読み、講演も聞かれているとのことです」私は大変びっくりした。そんなに前に、しかも関西で起きていたとは。しかもこの事案では、原告側（教師）の訴えが通っていたのである。判決が出る前に、保護者側が和解案を持ち出して、提訴から半年後に和解というかたちで決着がつき、教師側の完全勝利であった。保護者が根拠に基づかない虚偽の主張をインターネット上や「糾弾集会《きゅうだんしゅうかい》」の場などで繰り返しまき散らしたことを全面的に謝罪、今後は面談や交渉を求めず慰謝料を支払うという結末だった。

青年教師の頃から生徒たちからも好かれ、たくましい頼りがいのある熱血先生。阪神淡路大震災の際の避難所生活を強いられている子どもたちに楽しい機会をつくり出そうと、彼が校庭でドッジボール大会を開催するなど「人を喜ばせるボランティア」を率先しているニュース映像を、18年前に米田ディレクターが制作していた。その二人の縁に、私が絡むことによって番組がつくられた。4月下旬に、関西版の「VOICE」という夕方のニュース番組で10分程度の特集が放映されたのち、5月25日（土）にTBS系列での全国放送「報道特集」で「学校現場で何が……保護者を訴えた現役教師の告白」という25分の特集となった。

訴えることの賛否

さて、先の埼玉の事案であるが、当時の教育関係者の意見は2分された。教育評論家で法政大学教授の尾木直樹氏は、マスコミの取材に対して、「教師は保護者を訴えるべきではない」「一つ一つ訴訟を起こしていたら何万件もしないといけない」「雪崩《なだれ》をうつように教師から訴訟が増える」というコメントを繰り返した。

偶然であるが、マスコミ報道の翌日（2011（平成23）年1月19日）に文科省の講堂で「平成22年度　学校マネジメント支援推進協議会」が開かれた。登壇した関根眞一氏（苦情・クレーム対応アドバイザー）が、その場に参加した全国の教育委員会の指導主事あるいは学校管理職など約300名を前に、提訴の可否を挙手方式で問うた。「裁判をすべきではなかった」「裁判もやむを得なかった」は、ほぼ半々だった。

埼玉の事案がマスコミ報道されて6週間後の2011（平成23）年3月4日付の産経新聞（東京版）は「【金曜討論】教師VS保護者　河上亮一氏、尾木直樹氏」を掲載している。「プロ教師の会」の主宰《しゅさい》者である河上氏の主張の見出しは「最後の手段で仕方ない」とするもので「教師はやるべきことをすべてやった上での、やむなくの選択ではないか。学校教員の場合、今後の教員人生や生徒が傷つくことを考えると、よほどひどい状況がない限り訴訟には踏み切れない。同じ境遇で苦しんでいる教員は全国にいるはずで、今後似たような訴訟が増えるのではないか」と述べる。

これに対して尾木氏は「親を訴えるのは筋が違う」が見出しとなっており「矛先を間違えている。訴えるべきなのは、（配置転換などで）上司として自分をサポートしなかった校長であり、教育委員会だ。これまで自殺した教員の遺族が起こした訴訟でも、求めているのは労災認定で、相手は行政だ。怒りにまかせて親を訴えるのは、筋が違う」と主張する。ただこの時点では、尾木氏は1月段階とは異なって「例外的なケースであり、今後提訴が続発するというのはありえない」と述べている。

教師が感じた恐怖

突如として、保護者との厳しい関係に立たされた先の2名の教師たちの不安や恐怖はどのようなものだったただろうか。

関西のケースの場合は、教師への批判や攻撃の手段は、学校の公式ホームページに設けられた「掲示板」（意見欄）での、事実無根のうわさ話から始まり、次第にエスカレートして誹謗中傷へとつながる書き込みであった。その周りにおもしろおかしく群がる人々だけでなく、ホームページは誰にでも閲覧が可能であるがゆえに、不特定多数の者の目に触れる。当然、事情を知らない善意の生徒たちや保護者たちにも動揺が広がり、うわさは拡散していく。名指しで「不倫教師」「セクハラ教師」という文言がおどる状況を、どうして冷静な気持ちで見ることができるだろうか。

当然、掲示板は閉鎖されるが、その後においても学校外での「糾弾集会」の開催までもの企てに、それらを阻止するために仮処分申請を裁判所に申し立てることは「ありえること」ではなく「必要なこと」である。しかしそこには幾度もの逡巡《しゅんじゅん》があり、心折れそうになりながらも、強い意志を奮《ふる》い立たせたことだろう。

埼玉のケースでは、当初は「連絡帳」への保護者の書き込みから始まった。日常の行為として、教師は毎朝、児童から提出される連絡帳を受け取り、空き時間に点検して確認の印鑑（サイン）を押して、下校時には返却する。同時に、保護者の確認印もあり、必要によっては学校や担任への連絡事項を保護者が書き込むこともある。

しかし、そこに担任の行動や性格を激しく非難する内容の文書を、数十行にわたって8度も書き込まれる。その保護者からの非難の文章の横には「今日の宿題。漢字のプリント○枚、算数のドリル○枚」といったかわいらしげな児童の文字が並ぶ。それを受け取り、ページを開くことの恐怖、すべての漢字を知らないにせよ、明らかに児童は部分的には読んで理解していると思われる連絡帳が、児童の手を通してやりとりされる惨《むご》さ。

埼玉の事案では、その後に保護者が文科省や教委、人権擁護委員会などにも、口頭や文書で教師を批判し続ける。そしてほぼ決定的な行為は、9月15日に給食の食器片付けの際に、注意喚起のために児童の肩を叩いたことが「暴行罪」として、保護者が警察に被害届を出したことにある。

教師自らが弁護士事務所に駆け込んだ

埼玉の事案と関西の事案では、当然いくつかの経緯の違いがあるが、共通しているのは、当事者の教師が学校管理職や教育委員会への切なる救済の要望や、庇護《ひご》の要請を繰り返したにもかかわらず、ある時点で見切りをつけざるを得なくなり、自らを守るために（精神的安定を得るということもあるが、教師としての身分の喪失という恐怖からのがれるために）、教師自らが弁護士事務所に駆け込んだということである。

先の尾木氏の言うことは部分的にはわかるが、それでは「事後の救済」（自殺、鬱《うつ》病、休職など）を認めてもらうかどうかということになってしまう。この2名の教師が求めたのは「いま、そこにある危機」をどのように回避できるかという緊急避難的行為と私は理解している。つまり、保護者側に打撃を与えるのではなく、冷静さを持ち直してもらうこと、言い換えればパワーの乱用を止めること、そして教師あるいは人間としての尊厳の回復である。

この埼玉のケースも、関西のケースも、ともに極限にまで追い詰められた末に、最後の砦《とりで》にたどり着いたと理解すべきである。自らが弁護士事務所に駆け込むのは、攻撃に耐えかね、恐怖のるつぼの中で逡巡しながらも、ギリギリのところでの行動である。それほどの極限状態だということをどうして見て取れないのかとさえ思う。

相手が教え子たちの保護者であるとしても、それでも教師が訴えざるを得なかったのは、上司や監督者が適切に機能しておらず、むしろ「保護者に教師の方が謝ればいい」とか「教師の方が我慢すれば、嵐は過ぎていくのだから」と説得するモードで迫ってくることが最も辛《つら》いからである。そこに無力感と打ちひしがれた思いが交錯し、恐怖の中で「なぜ?」という自問自答の中で孤立感を深めていく。

いやむしろ「教委や校長を訴えるべきだった」と尾木氏は言う。確かに校内暴力の大変さの中で、追い詰められ、休職や退職に至ったケースで、そのような事例は存在する(例、三重県名張《なばり》市の退職した中学校教諭がPTSDの発症にかかわって県を2012(平成24)年に提訴)。しかしそれらは事後救済であり、取り返しのつかない事態になってからの管理者の不作為を問うものである。

この15年間、全国各地で私は、同じような事案に遭遇した、あるいはここまで激しいものではなかったにせよ、辛い境遇に置かれた教師たちの話を聞かされてきた。その中で何人もの教師たちが、心折れ精神疾患を患い休職するほどのキズを負い、ときには退職という残念な結果で、そして稀《まれ》ではあるが自死という悲しい出来事へと至っているという事実を見てきた。

やはり誰であろうと、人権を侵害することは許されない。それは体罰等で教師の行為が許されないのと同じである。パワーの乱用は認められないし、やはり阻止してでも反省してもらう必要がある。憲法第32条で保障されたように、何人も人権侵害行為を受けた場合に、その救済を求めて訴訟を起こす権利がある以上、そしてそこに正当な理由がある以上は、その行為を批判することはできない。

理性を持つこと、専門機関につなげること

私は関西の事案の教師に会った際に「よくぞ、心折れずにここまでこられましたね」という言葉をかけた。埼玉のケースの原告教師には直接に会っていないが、相当に強い意思を持った教師だと推察する。もちろんともに、心傷ついて鬱《うつ》病や不眠症になっている。そしてここに必要なのが「やってはならないことは、やってはならない」「自分には咎《とが》められる非はない」との気持ちを持ち続けられる理性と強さであっただろう。置かれた困難状況の事態の打開を外部識者につなげること—弁護士事務所に駆け込む行動力と一定の知識が必要だった。

「教育は愛とロマン」で語られることは多いが、愛とロマンだけではすまないこともある。児童生徒と教師の関係でも、保護者や地域住民と学校の関係でも。だからこそ冷静な判断に基づく「理性」が欠かせない。

多くの学校—保護者間トラブル事案を分析してきて、私は関西と埼玉の事案では、保護者が怒りのあまり振り上げた「拳《こぶし》のみなもと」（背景事情や狙い）が相当に違っていると判断している。ただ同じように思うのは、学校管理職としての校長や教頭、そして公立学校であったため設置管理者としての教育委員会（私学であれば法人本部）が、事案がこじれ始めたときに、問題全体の整理をして、必要に応じて当該当事者教師を「徹底的に守る」姿勢と具体的な行動をとっていれば、こうまでいかな

かっただろうということだ。管理職や教委のことなかれ主義、後手後手に回ってから事態の収拾を図ろうとする姿勢、やがては火中の栗を拾った教師を逆に責める態度は卑劣《ひれつ》でもある。その意味で校長や教委の責任は、尾木氏が述べるように確かに重いのだ。

事実、そこまでいかずに、パワーの乱用を止める行為をおこなうこと、ときとして毅然《きぜん》とした姿勢をチームとしてとることで、問題の解決までいかないけれども、長期にわたるトラブルの中で消耗する教職員（あるいは保護者、そして子ども）が救われている。トラブルに誰も向き合ってくれないという孤立感と、保護者からの相次ぐアクションによる不安と恐怖感を、さまざまな方法を用いながら軽減していくことが大切である。

もちろん、最前線にいる校長や教頭等の管理職も助ける必要がある。この5年の間に、全国の100近い教育委員会で、精神科医、心理・福祉・教育の専門家、弁護士などの司法関係者から構成される「学校問題解決支援チーム」が設けられているし、法律相談などの体制も、不十分ではあるが整備されつつある。

2月28日の判決結果を受けて、埼玉の被告の保護者（父親）は《「学校の問題は、本当に相談するところがない。教委に相談した結果が裁判だ。私たちのように、そうでない親がモンスターペアレントにされないように相談できる、権限を持った第三者機関を」と、何度も強調した》（2013（平成25）年3月1日付、埼玉新聞）という。

07

座談会

地方公務員災害補償基金制度と教職員の働き方

× 田村 和男
公務災害認定された中学校教諭の夫

× 船越 康成
元公立小学校教諭

× 松丸 正
過労死弁護団全国連絡会議代表幹事

小野田　公立学校の教職員は、公務に起因する事故や疾病《しっぺい》に遭った場合、地方公務員災害補償基金（以下、「地公災」という）により補償されます。しかし、現実にはその認知度は極めて低く、また、自死も含めて事故や疾病の発症が公務に起因するかどうかの認定基準が極めて厳しいものになっています。労働災害の背後には教師の公務の過重性があるわけですが、その問題も含めて、地公災制度の現状と展望について深めていきたいというのが今号の特集のテーマです。この座談会では、実際に当事者として公務災害の認定請求をされ、裁判によって認定を確定させた田村和男さん、船越康成先生のお話を伺いながら、制度について松丸正《まつまるただし》弁護士に解説していただくというかたちで進めていきたいと思います。

事案発生までの経緯

小野田　まず田村さんにお願いします。田村さんは堺市立中学校の教師だった奥さんを自死で亡くされましたが、事案が発生するまでの経過についてお話しください。

田村　妻は1998（平成10）年10月に51歳で亡くなりました。自死でした。亡くなる前年の1997（平成9）年6月に、鬱《うつ》病の診断を受け、11月に授業中に緊急入院して休職し、その後約1年間、自宅療養や入院をしておりました。学校では当時、生徒間や教師に対する暴力や器物損壊、それに授業妨害が多発していました。大阪地裁の判決文（2010（平成22）年3月29日判決）にもありますが、1997（平成9）年4月から本人が休職する11月までの8ヵ月の間に、証拠の裏付けがあるものだけで20件の対教師暴力がありました。実態はもっと多かったと思います。器物損壊ではあらゆるトイレが破壊され、常に学校内を10人、20人ぐらいの生徒がウロウロしていて授業が成立しない。学校の状況が大変だったという状況が鬱《うつ》病発症の背景にあります。

実は本人も当時、対教師暴力を受けておりまして、8ヵ月で20件のうちの一つに当たります。課題を提出しないで帰ろうとする生徒を止めたところ、その生徒が腹を立ててみぞおちを殴ったんです。すぐに病院に行きまして、全治1週間の打撲ですみましたが、受けた肉体的な苦痛よりも心理的なダメージが非常に大きかったと思います。生徒から暴力を受けたのは21年間の教師生活で初めてだと言っていました。しかもその生徒はいわゆる札付きの生徒ではなくて、ごく普通の生徒だったんですね。生徒のためを思えばこそ言ったことなのに、暴力のかたちで答えが返ってくるのは教育に携わる者としては非常に大きな精神的な打撃だったと。

さらに、対教師暴力を受けたときの学校側の対応が本人にとって苦しかったようです。その日のうちに生徒さんのお母さんが謝りたいと学校に来られたのですが、本人はもう少し生徒が反省する期間を置いた方がいい、親が謝って決着するのは生徒にとって教育上よくないからと帰ろうとしたんです。しかし学校側では、せっかく親が謝罪に来ているのだからその場を設けて、親が謝罪すれば一件落着じゃないかという空気だったらしいのです。生徒間や対教師の暴力はよくあることで、親が謝罪に来たのだからそれでいいんだという形式的な対応をしたことから受けた打撃の方がむしろ大きかったというようなことを言っていました。

小野田　中学校全体が荒れていて、学校側の対応もいま一つだったと。

田村　そうですね。妻が当時の中学校に移ったのは鬱《うつ》病を発症する前年の1996（平成8）年だったのですが、そのときからすでに、教師としての無力感を感じると悩んでいました。授業でも、チャイムが鳴っても生徒が席につかない、「うっさい」「きしょい」「クソババア死ね」という言葉が教室で飛び交っていて、本人は非常に苦しかったようです。妻の受け持ちは社会科の歴史で、必ず授業ごとにプリントを使って授業をしていたんです。プリントをつくるのももちろん大変な作業だったのですが、せっかくつくったプリントが紙飛行機で飛ばされたり、くるくるっと丸めて飛ばされたりする。それ以上に辛いのは、同僚教師から「どうせプリントをつくっても、生徒は見ないしゴミになるだけだから、無駄なこと」と言われることだと。対教師暴力でも、学年会議で「自分は生徒とうまくやっているから殴られない」と自慢して「殴られるあなたが悪い」と発言する先生がいると言っていました。同僚の中で限られた方を除いてつながりも助け合いもなかったことが大きな精神的ダメージとなったのではないかと思います。

小野田　ひどい荒れ方です。奥さんはその結果鬱《うつ》病を発症された。

田村　1997（平成9）年6月に2泊3日の宿泊訓練がありまして、終わった後、非常に状態が悪いので病院に行きましたところ、重度の鬱《うつ》病であるという診断を受けました。医師からは、少なくとも3ヵ月の休業を要すると聞きました。私はその足で中学校に行き、校長先生が不在だったので教頭先生に「3ヵ月休ませます」と伝えたのですが、「いまでもぎりぎりでやっているから休まないでほしい」と強く言われました。その返事に大変驚いたのですが、妻も「担任が突然休むと生徒が裏切られたと思うから休まないでくれ」と言われたそうです。それで勤務を続けることになったのですが、その後、次々といろいろな出来事が起こってさらに負担が重なっていき、11月に突然、勤務中に緊急入院したという電話が病院からかかってきました。医師は「希死念慮《きしねんりょ》（自死願望）が強くて特別室に入っている」と電話口でおっしゃったんです。それからずっと休職し入退院を繰り返していたのですが、翌年の1998（平成10）年10月に自宅で首を吊って亡くなりました。

小野田　休職に入られて、入院と自宅療養を繰り返しておられて、10月にお亡くなりになるときにはご自宅にいらっしゃったんですね。

田村　はい。ある程度安定してよくなったかなという感じでした。勤務に戻るのは無理かなとは思っていましたけれども、本人は仕事を続けたい、学校に戻りたいという気持ちがあったようで、復帰に備えて授業のプリントをずっとつくっていました。

小野田　奥さんが亡くなられて、ずっと家族として重いものを背負いながらも、これは公務災害ではないかということで、松丸弁護士に行き着くわけですよね。その間の経緯をお話しいただけますか。

申請手続きへ

田村　妻の自死の原因が仕事だということは、亡くなったときから確信していました。それ以外、一切考えられませんでした。ただ、公務災害申請の手続きに入るまでには半年近くかかりました。実は、自死だということは、ずっと表に出せなかったんです。公表して手続きに入ったのは亡くなった半年後の1999（平成11）年3月です。

公務災害補償の制度は、当時妻が加入していた堺市教職員組合の方から、これは通常の亡くなり方ではないからと教えていただきました。が、公務災害という言葉は知っていましたが、手続きがまずわからない、どのようにして認定されるのか、裁判になったらどうするのか、わからないことだらけでしたので、どうしようかとずっと迷っていました。ただ、このまま何もしないのも納得できなかったので、弁護士の松丸先生を紹介していただいて、申請しようという気持ちになりました。

そうなると、今度は申請して認定を得るための条件を揃えなければならない。とはいっても、職場の状況がまったくわからず、困難さを感じました。松丸先生は、申請のときから裁判を前提とした証拠集めをしなければなりませんし、裁判では複数の証拠や証人がなければ勝てませんとおっしゃっていました。ところが、自分で学校に行って妻がどんな勤務をしていたのか聞いても、妻が発症・緊急入院した当時の校長とは1回も会えないし、教頭には「何に使われるかわからないから教えられない」と言われました。申請準備のときの校長には協力していただいたものの「よくわからない」と。困っていたところ、幸いに同僚の何人かの先生が協力してくれました。『田村ドキュメント』という詳細な文書をつくってくださった先生もいましたが、それでも一人ひとりの先生は断片的なことしかご存じない。そこでまた行き詰まって、『堺・泉ヶ丘東中学校 田村先生の公務災害の認定を求める会』が立ち上がりました。弁護団の先生方にも来ていただいて、学校で起きていたことを、パズルを組み合わせるようにしていきました。

といっても、教室の中は密室ですから教室の中の出来事の詳細はわかりません。そこは同僚の先生に教室内での出来事についてしゃべってくれる生徒を紹介してもらって、一緒にその場にいてもらったりして、生徒に教えてもらいました。同僚の先生方の協力で次々に出来事が判明したんです。精神疾患の場合は労働時間ではなくて、どのような出来事でどのような精神的負担があったかということが重要ですので、出来事の一つひとつを詳細に明らかにして証拠も集め、目途《めど》をつけて実際に申請したのは亡くなってから2年近く経った2000（平成12）年10月でした。

小野田　2年もかかったのは、証拠を集めて書類を作成する作業が大変だったから？

田村　それもありますが、当時、私は労災しか知りませんでしたし、労災でも自死だとなかなか認められないという状況を知って、公務災害に違いないとは確信はしていても、実際に手続きするかどうか私自身がいつも迷っていたからです。松丸先生がいらっしゃったからこそ、諦《あきら》めずに申請に至ったというところでしょうか。

小野田　田村さんに限らず、公務災害は公務員、特に教員にとって身近な存在であるにもかかわらず、なかなかこの制度を活用できていないのが現状で、今回の特集を組んだのもそのためなのですが、田村さんの事案では松丸弁護士の存在が大きいですね。

松丸　精神障害自殺の認定基準ができたのは1999（平成11）年、田村さんの奥さんが亡くなられたのはその前の年です。田村さんも含めて自殺が社会的に公務災害になる、労災になるという認識がまだできていなかった段階では、迷うのが当たり前のことです。僕は、田村さんが奥さんの自殺は公務上の災害になるとお考えになり、立ちあがろうとなさったのは、田村さんの認識が進んでいたと思うんですね。

教師の仕事は一見、集団的に行われているように見えても、過労死や過労自殺の事件にかかわっていると、極めて孤立した仕事だと感じます。教師同士がお互いに理解し合えていない。みな多忙なので人の仕事までなかなか支援し合うことはできない、あるいは見つめ合うことができない。バラバラになっているんですね。田村さんの事件の一番の問題点は、亡くなった田村先生に対する教師の間の支援がなかったことだと思うんです。対教師暴力のときも、裁判所の判決文では対教師暴力を受けたことに対する支援策が検討されないこと、要するに放っとけということなかれ主義的な学校の対応が問題であった。それによって田村先生は非常にストレスがたまっていったということをハッキリ言っています。あるいは、秋のいろいろな行事の中で、生徒によって教師としての立場をないがしろにされることで自信を失い、無力感と共に敗北感を募《つの》らせていき、そして保護者の見ている前で教師という存在を否定された。周りの人たちの支援があればそんな事態にはならないわけです。

ストレスの評価についてはカラセックモデルという考え方があり、支援度、裁量度、要求度からなるトライアングルに基づいて評価するのが定説になっています。教師の仕事は、裁量度が一定程度あるかもしれませんが、生徒からも要求されるし、親からも要求されるし、地域からも要求される。さらに教育委員会からと、いろいろな要求があって要求度がきわめて高い。それに応じた高い支援度が職場の体制としてないと、非常にストレスフルな状況が生まれてくるわけです。田村先生はそういう環境に置かれていたという感じがしました。

申請までの経過で見えてきたもの

小野田　病気になっても、「休まれるとみんなに迷惑がかかる」と言われて自責の念から働き続けてより悪化してしまう。その辛さの中で本人が悲鳴をあげている。船越先生の場合も同じようなケースであったかと思いますが、基金側に申請するまでの経過をお話しいただけませんか。

船越　私の嫁さんの場合は当時6年生の学級担任をしていまして、2004（平成16）年3月16日、卒業式の1週間前の5校時の授業終了後に気分が悪くなり保健室に行きましたが、その後容態が悪化し、病院に搬送されました。くも膜下《まくか》出血と診断をされ、翌日緊急手術を受けましたが、脳梗塞《のうこうそく》の後遺症による四肢麻痺《ししまひ》の重度の障害が残っていまも入院しています。私も教師ですので、6年生の担任で大変忙しいというのは重々《じゅうじゅう》わかっていたのですが、まさか嫁さんが倒れるとは思っていなくて、ただただ驚くばかりでした。4月に入って、2人が加入している尼崎市教職員組合の先生や市内の学校の先生方から、職場で倒れたのだから公務災害ではないかという声も出ていました。しかし、私たちの子ども2人が高校と大学に入学したばかりですし、私も新学期で仕事をしながら毎日嫁さんの入院をしている病院に行き、命が助かるかどうかしか考えていなかったので、公務災害ということはまったく考えてはいませんでした。

組合で委員長をしている知人から「弁護士さんに一度会ってみないか」と言われて、神戸合同法律事務所の松山弁護士にお会いしたのは4月27日でした。松山弁護士からは発症前1ヵ月の勤務状況を書いてくださいと紙を渡され、証拠になるようなものがあれば残しておくようにとお願いされて、とりあえず連休中に記憶に残っていた状況を書き出しました。卒業式を前にして児童のために何かしてあげようという気持ちがあったのか「祝卒業」と書いたお祝いカードを夜遅くまでつくっていました。卒業文集の添削《てんさく》も家に持ち帰ってやっていました。また、当時彼女は、自分の趣味でもあり、受け持っていた6年生の英語の授業のために英会話教室に通っていましたので、出席した日やキャンセルした日も聞きました。そうして、勤務状況・生活状況調査票をできるだけ正確に書いているうちに、嫁さんは本当にがんばっていたけれど、これは働き過ぎだと、公務災害と違うかという気持ちが自分の中でも次第に出てきました。

小野田　船越先生の場合は、奥さんが倒れてから約1ヵ月後に組合の方の紹介で松山弁護士にお会いになって、勤務状況をまとめられた。職場で倒れたという事実もあって、早い段階から組合も労災認定でいこうと支援していたんですね。

船越　そうですね。詳しい経過等は、昨年の12月に多くの方の協力でつくっていただいた『船越公務災害裁判　勝利報告集』を読んでもらえばわかりますが、松山秀樹弁護士にお会いしなければ、公務災害なんて考える余裕もなかったと思います。ただその後も嫁さんと自分の仕事のことで精一杯で、実際に動き出したのは8月4日に柿沼弁護士にも参加していただいた頃からだったと思います。といっても、夏休み中にようやく小学校の機械室にしまわれていた嫁さんの荷物を引き取りに行きました。私自身は嫁さんがもう回復は望めずに家庭復帰もできないとわかって、一瞬ですが、もう先が見えないから嫁さんと2人で自殺しようかと思ったこともあるような状態でした。ですが、やはり組合の方や退職された方の励ましがすごく大きかったです。その年（2004（平成16）年）の11月には公務災害の認定も含めて『船越賀代子さんを支える会』を結成していただいたんです。これは大きな力となりました。

私も嫁さんも学校での仕事が終わってから組合の会議などに、娘や息子を小学校入学前の小さいときから連れて参加していました。組合員の同僚が後ろのテーブルで宿題をしている子どもたちに「偉いねえ、賢いねえ」と声をかけてくれたり、飴をくれたりで、船越家を認知してもらっている部分がすごくありました。

そういう方々が、嫁さんが被災した年の11月には『船越賀代子さんを支える会』を結成してくださり、また神戸地裁に提訴すると『船越賀代子さんの公務災害認定を実現する会』をつくってくださいました。また、職場でも認定請求中や裁判中は担任を外してもらって、休暇が取りやすいように配慮をしてもらいました。そのおかげで、資料を作成し、弁護士さんとの多くの会議に出席することもできたので、自分は恵まれていたと思います。

小野田　裁判のためにつくられた資料ですが、他には具体的にどのようなものがありますか？

船越　嫁さんが備忘録《びぼうろく》や家計簿を残していて、本当にこまめに書いていたので彼女の日常の行動が確認できました。それから教務必携《ひっけい》ですね。成績とかを全部記したものです。個人情報で大変申し訳ないのですが、これがあったから保護者の方に電話して、何名かの方に当時使っていたノートやテストを持って来ていただきました。備忘録・家計簿・教務必携は資料をつくるときに大変有効でした。

しかし、膨大な資料を出しているにもかかわらず、基金支部は持ち帰り残業をまったく認めませんでした。また休憩時間や給食時間も、勤務時間に含めるべきではないとしました。発症前１ヵ月１５４時間の時間外勤務の内、認定したのはわずか30時間程度でした。

そこで、裁判では、裁判官に嫁さんの勤務実態をわかっていただけるように資料をつくりました。

例えば、3学期の時間外勤務にかかる業務内容及び業務時間表を作成しました。また、3学期の勤務時間集計表。それと平行して勤務状況表をつくりました。この勤務状況表は、嫁さんが何時何処《いつどこ》でどのような業務を行ったかを対人職務時間と単独職務時間に色分けをし、一日ごとのタイムテーブルに再現をしました（248〜251頁、【資料①②】としてタイムテーブルの一部を掲載）。これらをつくるのにいろんな方に検討をしてもらい、その都度《つど》修正をしたので約5ヵ月かかりました。

地公災制度とは

小野田　次に、松丸弁護士に地公災制度についてお話しいただきたいと思います。松丸弁護士は過労死や過労自殺の掘り起こしにずっと取り組んでこられていますが、まずはこの問題に着手されたきっかけからお聞かせください。

松丸　過労死の事件に取り組み始めたのは1970（昭和45）年の後半です。最初はタクシーの運転手さんの奥さんが、「夫が心筋梗塞《しんきんこうそく》で亡くなった。仕事がしんどかったから労災認定できないのか」ということで相談に来たことでした。それまで過労死なんて言葉も知らなかったし、当時過労死の問題に弁護士として取り組んでいたのは東京の岡村親宜《ちかのぶ》先生と名古屋の水野幹男先生の2人ぐらいしかいない時代でした。ですから私も右も左もわからない。それでもその奥さんと一緒に労災の申請をして、業務上の決定が出たときには、奥さんと抱き合って喜びました。人が働くということが私の弁護士の仕事の原点になっています。

それから、私自身、元々大学時代の志望の一つが教師だったんですね。妻も府立高校の教師をしていて、傍《はた》から仕事を見ていて、ああこれだけいまの教師は忙しくなったのかといつも思っていました。

昔の小学校や中学校の先生は、生徒と親密な関係ができていて、休みの日でも先生の家に遊びに行くなどいろいろな交流があって、対生徒との関係で教師の仕事が十分できていたという感じがするんです。いまの教師の仕事を見ていると、学校の中での教師の仕事をしていればいいというわけではなくて、先ほど言いましたように教師に対する要求度が高くなってきています。教師の過労状況を過労死や過労自殺という問題を通じて明らかにしていきたいと思い始めて現在に至っています。

地公災制度ですが、労災とは違って災害が起こったときに、管理職である校長が職員である教師の職務従事状況や生活状況の一覧をつくり、長時間労働があったのか、公務中にしんどい出来事あったのかどうかということを書類にして、各都道府県、政令指定都市にある地公災支部長に提出し、それに基づいて審査されます。労災の場合、監督署は使用者がつくった書類に基づいて判断するのではなくて、監督署自ら同僚や上司、同業者一人ひとりから聴き取りをして、その聴き取りの内容を中心にしますので、使用者が出した意見書はそれほど重要な地位を占めないんです。それとは違って、校長という管理者が事実関係を全部書類にまとめて提出し、それに基づいて審査をする制度が地公災です。これには良い面も悪い面もあります。

つまり、管理者自身が被災した教師の仕事についてしっかり把握し、職場の先生方と協力して事実を明らかにしていくことができればいいのですが、管理者サイドで倒れた人の職務について十分な理解がないままに、管理者という立場で書類をつくってしまうと、被災者にとって非常に不利な面が出てきます。船越さんのケースも田村さんのケースについても、初めの段階では私は関与していませんが、最初の書類は校長が田村先生なり船越先生なりの全部の仕事の内容を把握した状態ではないんですね。

公務災害として取り組むときには、管理者と教師との共同作業で、倒れた被災職員の仕事を再現していく作業がすごく大事です。校長は教師の日常的な仕事の状況については何も知りません。特に時間外勤務や持ち帰り残業などは他の先生方に聞くことなしには書類をつくれないはずです。誰にも聞かずにすべてわかりませんということになると、教師の過労死、過労自殺は全部認定されないことになってしまう。その点で、校長と他の先生方との共同した取り組みが第一に求められるわけです。

求められる管理職と教師の共同作業

小野田　地公災の場合には校長管理職からの第一次的な書面が非常に大きな意味を持つということですね。

松丸　そうです。初動の段階で勤務の状況をしっかりと再現していくことがとても大事だと思っています。十分に取り組めていないと長い期間かかってしまいますから、早い段階でいい救済を取るという意味でも大事な取り組みです。校長が同僚の先生方と打ち合わせして詳細な書類を出せば、地公災としても校長が出した資料に基づいて基本的には認定されると思います。自宅での持ち帰り残業の仕事についての成果物（証拠）は少ししか残っておりませんが、一応何か裏付けるかたちでの書類がつくられればそれに対する反論は基本的にはできません。

ただ、過労死や過労自殺の事件で同僚の先生方や、あるいは組合の方も協力してやっていただいているというケースは残念ながら少なくて、ほとんどが個人で取り組まれています。尼崎や堺のように組合を通じて何らかのかたちの対応がされているという事件は非常に少ないです。まず校長に話ししに行って、校長は学校内の勤務の状況しかわかりませんから、持ち帰り残業についてはご遺族とお話しして、こちらの方で資料を用意して校長から出していただくというかたちで進めるケースが多いです。

小野田　しかし管理職としては、田村さんのケースのように自分の管理責任が問われるからといってなかなか協力したがらないのも現実ですね。松丸先生はどのようにして説得されているんですか。

松丸　それは校長だけではありません。同僚の先生方も、被災した先生がどれほどしんどい仕事をしていて、精神的に追いこまれていったかということを明らかにしようとしても、自分がその先生を支援しなかったことに対する責任を問われているように受け止めてしまい、協力をためらうというケースが結構あります。当事者でもこの手続きをとると、校長や同僚の先生方に迷惑をかけるかもしれないという思いもあります。

ですから、地公災制度は決して管理者の責任を追及する制度ではなくて、被災した先生自身がどのような仕事をしていたか、仕事の重みだけで評価される制度であること、管理者や同僚の責任について損害賠償請求をしようという性質のものではないことをしっかり理解していただくことから始めています。あくまでも国の社会保障の一環としての制度だということをちゃんと理解してもらえれば、管理者との対立関係もなくなって、逆に積極的な協力関係が生まれていくと思います。

低い公務災害の認定率

小野田　一般の労災に比べて公務員のそれが認められにくいという点についてはいかがですか。

松丸　一番わかりやすいのは、過労死の心臓疾患についての認定状況です。２００１（平成13）年に心臓疾患についての認定基準が変わりました。以前は1週間だけの業務の過重性を評価していたのが、６ヵ月間になって認定の門戸が広がりました。このため労災の認定件数はそれまではせいぜい70、80件前後に止まっていたのが、２００１（平成13）年を契機に大体３００～４００件ぐらい、4倍以上になっています。これに対して地公災は、同じように認定基準が平成13年に変わって門戸が広がったのにもかかわらず、認定件数は半減しています。精神障害自殺についても同様に、認定基準が１９９９（平成11）年に変わって労災では１９９９（平成11）年以降数十倍、うなぎ上りに件数が増えているのに対して、地公災も確かに件数が増えていますが数倍、件数の伸びは非常に低いレベルで止まっています。

小野田　その背景には何があるとお考えですか。

松丸　地公災基金は各自治体が全額お金を拠出して、補償制度の財源にしています。しかも、地公災の理事長も含めた理事は大体、行政からの天下りの方が中心になっている。行政が出したお金を補償として支出するかどうか、それを自分たちで決める制度になっているんですね。民間の場合はお金を出すのは民間の企業で、認定をするのは厚生労働省の労働基準監督署長という制度になっていますから、一応そこには行政的な中立性が出てきますが、地公災は自分の財布から出すか、出さないか、絞《しぼ》るか絞らないかを自分で決めることができる組織になっているんです。だから、できるだけ財源に合わせて絞って抑えようと、抑制的な意思がどうしても出てくる。制度的な問題点はどうしてもあって、それがいま言ったような件数のいびつさに表れているのではと思います。認定基準の門戸が広がっているのに、認定件数が減るということはあり得ない話です。

それから、私が過労死の問題に取り組んだ1970、80年代当時はいまと逆で、地方公務員の方が認定率は高かったんです。なぜかと言うと、当時は労働組合が認定問題にしっかり取り組んでいたからではないかと思います。かつては労働組合がしっかり取り組んで、職場の中で議論した上で事実が明らかになっていきましたからね。

曖昧な認定基準

小野田　田村さんや船越さんにとっては認定の厳しさの結果として、地公災基金の段階では公務外とされ、裁判によって確定したわけですが、実感としてどうですか?

田村　認定基準そのものが曖昧《あいまい》というか。

船越　本当に何とでも判断できるような感じです。

松丸　過労死については、厚生労働省の認定基準は認定実務に従事する労働基準監督署の職員が判断しやすいように、精神障害や自殺についても具体的、個別的に基準がつくられています。地公災の基準もそれに合わせているといいますが、実態は非常に抽象的なんです。抽象的だから地公災がフリーハンドで判断し得る面を持っています。地公災の本部で毎年、過労死弁護団と全国の家族の会と一緒に交渉しているんですが、地公災の本部は「認定を抑制することはない。個別事案検討の結果たまたまこうなっているだけです」と言いますが、それはないと思います。

もう一つ、地公災の支部長により公務外とされた事件が、支部審査会や本部審査会で逆転する率は結構高いんです。それから、私の経験からみても、地公災の事件で裁判で認められるケースも非常に多い。ということは、逆に言えば、支部長レベルの初めの判断は非常に絞られたものであるわけです。ですから、地公災の事件は初めの支部長段階の判断で公務外とされたとしても絶対に諦めずに、田村さんや船越さんのように事実をちゃんと突きつけてとことん争えば救済される可能性は民間以上に私はあると思っています。

小野田　一度申請してダメだったということで諦めてしまう人たちも相当いるわけですね。

松丸　民間でも同じですが、そもそも申請そのものもしない、過労が公務と関係あるという認識が当事者にも職場にも管理者にもないというケースも結構あります。

審査請求から請求棄却、裁判へ——長期にわたるたたかい

小野田　地公災を申請して認定されないなど決定に不服がある場合には、審査請求、さらに再審査請求をすることになりますね。その後3ヵ月経過すると本訴ができる、言いかえればすぐには裁判に持ち込めないという制度になっていますが、先生はどう評価されますか。

松丸　行政段階での救済制度を機能させることは必要なので、地公災の場合は特に行政段階での支部審査会や本部審査会の手続きは、重視すべきだと思っています。なぜならば、支部長段階での認定が厳しくても、第三者機関である審査会で逆転する可能性は高いですし、裁判でさらに争うことの重要性は地公災の場合は民間以上に大事だと思うからです。

小野田　田村さんも船越さんもいずれも不認定で、結局裁判までいくんですが、不認定を受けた段階での思いや、裁判にいくまでをどのように受けとめられましたか。

田村　まず支部の処分が出るまでに、申請から4年2ヵ月かかっているんです。かつ、その間何の音《おと》沙汰《さた》もないんですよね。申請あるいは再審査請求の段階では、追加資料や意見書を出しても「受け取りました」と言うだけで何の反応もないんですよ。何を審査しているのか、何を調査しているのかまったくわからない。それである日突然、「公務外だ」と言われたわけです。

松丸　非常に長くかかるのは、この制度そのものに問題があるからだと思います。そのことを地公災の方も最近は認識し始めていて、2012(平成24)年3月に、公務上の認定請求がされてから1年6ヵ月の間に公務上外の決定は出しなさい、という事務連絡を出しているんですけれど、いまでも1年6ヵ月で結論が出るケースは少ないです。

田村　支部の方も、「死亡事案で自死の場合は本部が決めることなので私たちはわかりません」とおっしゃっていましたね。基金支部というと一見独立機関のようですが、実は大阪府庁の中の人事厚生機関のごく一部にすぎなくて、当時職員は5人ぐらいで2000件ぐらいの事案を担当していますから、まともに審査していないという印象が非常に強かったです。だから公務外と出てもそれほど驚かなかったですね。それから、審査請求や再審査請求で、最終的に棄却されるまで申請から7年、大方8年近くかかっているんですよ。これからやっと裁判かという感じでした。

裁判になると、準備書面や証拠を出すと相手から反論があったり裁判所から指摘があったりして、審査会のときとは違ってプロセスが明らかになりました。事実や証拠の精密さについては格段に高いものが要求されてそれなりに負担は増えましたが、反応がありますので、不安はありませんでした。逆に裁判になって、調べれば調べるほど私の知らないエピソードなどさまざまな資料が出てきますので、これはどう考えても公務災害以外に考えられないと思いました。それに、支援する会や同僚や、たくさんの方に応援してもらって、弁護団の先生方もすごく熱心にやってくださったので、そういった努力にも報いたい、裁判を起こしたからには勝ちたいという気持ちもありました。ただ、地裁で判決が出ても、相手方が控訴するかも知れない、どうするかを待っているときはさすがにきつかったですね。

松丸　地公災は一般の民間企業の労災の場合と比較して、基金側の控訴率や上告率が非常に高いんです。厚生労働省は認定基準そのものに抵触《ていしょく》しない限りは、控訴したり上告したりしません。認定基準を崩すような判決さえ出なければいい、事実認定は裁判所に任せましょうというのが厚生労働省のスタンスです。地公災はそうではなくて、事実認定そのものについてとことん争う。自分に有利な結論を出させるという当事者主義的になっているんですね。田村さんのケースでも、控訴されるかどうか、五分五分でした。地公災の場合は控訴して当たり前で、船越さんの場合も控訴されていますからね。

小野田　船越さんは二審の大阪高裁までいきました。

船越　嫁さんが倒れた次の年の2005（平成17）年3月4日に認定請求をして、基金支部が公務外認定をしたのは2007（平成19）年の3月29日ですから、裁定まで約2年かかりました。基金支部の公務外認定の理由は、「自宅の作業の内容を示す具体的な成果物の資料が認められない。客観的に見て本人の行った作業時間を特定することができない。本件疾病《しっぺい》は血管病等の様態の自然経過による発症と考えるのが相当である。したがって公務の過重性があったとは認められない」ということでしたが、私は「それはないやろ」っていう感じでしたね。「私が嘘をついているということか、一生懸命に働いていた嫁さんに対して失礼だろう」っていう思いがありました。それで審査請求をしたんです。でも、次の２００８（平成20）年には審査請求を棄却されました。そこで、基金本部に再審査請求をしましたが、どうも同じ結果になりそうと言う感じがあり、弁護団会議の中でいろいろと議論をしながら２００９（平成21）年３月23日に神戸地裁に「公務外」の取り消しを求めて提訴をしました。結局、基金本部の審査会は再審査請求を棄却しましたから、この判断は正しかったんでしょうね。基金に初めて認定請求してから最終の棄却までに４年４ヵ月かかりました。神戸地裁に提訴して、勝利するまでに公判が11回あり、２年９ヵ月。大阪高裁は、基金支部が控訴人でこちらが被控訴人となり、わずか７ヵ月、２回の公判で勝利判決をいただきました。

小野田　認定申請は文書で出し、審査請求すると聴き取りがあるわけですね。

船越　はい。目に見える具体物（成果物）を持って審査会に行きました。そして、そこに並んでいる方にいろいろ聞かれました。応対は非常に丁寧でしたが、２００８（平成20）年の9月30日に審査請求を棄却されました。その年に今度は本部の審査会の方に再審査請求をしたんです。翌年、基金本部の審査会の口頭意見陳述にも弁護士さんと行きました。向こうも丁寧に聞いてくれましたが、かたちだけと僕はいまも思っています。初めに結論ありきという感じで。

小野田　支部審査会で審査をするのは何名で、どういう人たちなんですか?

松丸　３名の審査員で構成され、弁護士や医師等が選ばれています。審査会ですから、支部審査会も本部審査会も基本的に中立性は確保されています。

弁護士や裁判官に教師の仕事を理解してもらうために

小野田　その3名で基本的には決められるんですね。しかし友好善隣関係のように成果物を見ながら聴き取られながらも、最終的にはひっくり返ってしまう。以前に私はある人から、教師がどれほど大変な仕事をしているのか、事件を担当する弁護士を説得できるかどうかが、最初にして恐らく最大の関門かも知れないという話を聞いたことがあるんですが。

船越　そうですね。弁護士さんに教師の仕事を理解してもらう、まずそこからです。テストの採点や保護者からの連絡帳の返事などのいろいろな成果物は教師にとっては当たり前のことなんですが、弁護士さんには陳述書を書いてもらうわけですから、一点一点、これはどういうことなのか逐一説明して、教師ってこんな大変な仕事しているのかということを最初の段階で理解してもらう必要があります。私の場合は組合の担当弁護士だったので、教師の仕事の過重性についてよく理解していただけていました。裁判になるときには、「今度は裁判官に教師の仕事をどう説明するのか、そこに力点を置かなければいけない」と松丸弁護士にも言われました。

小野田　松丸先生にお聞きします。弁護士はもちろんですが、審査会のメンバーにせよ裁判官にせよ、教師の労働をわかってもらうのは難しいですか？

松丸　船越先生は非常に熱心な先生で、特に卒業式を控えて、生徒たちにいい卒業を迎えてほしいという想いがありました。そのような想いで心をこめて生徒のために仕事をしていたことを裁判官がちゃんと理解するかどうか。だから方針を決めて、3学期の仕事の過重性、卒業式を控え学期末を控えてどれだけしんどかったのか、持ち帰り残業を中心に絞り込んだのです。絞り込めば資料もたくさん出てきますし。持ち帰り残業を中心にしたのは、船越さんの場合、地裁の裁判官が女性で、裁判官自身が持ち帰り残業の多い職業だからです。だから家庭をもっておられて、持ち帰りの仕事をすることのしんどさを理解してもらえたのだと思います。働いている人の思いがちゃんとわかる裁判官であれば理解してもらえます。

教師の働き方

小野田　いまの学校には長時間労働もあるし、生徒指導の困難さもあり、保護者対応もある。しかし支援の体制はなく、政府は無理難題を押しつけ、マスコミは学校の責任ばかり追いかける。そういった中で、改めて過労死や過労自殺を通して見える教師の働き方について、それぞれの立場から語っていただけますか。

田村　家内が家に仕事を持ち帰っている姿はよく見ていました。夜はまず保護者への連絡です。長時間の電話で件数も多い。それが終わってから次はプリントづくりや採点。それを毎日、夜も休日もやっていました。私も教師の働き方は異常だと思います。学校もさることながら、家でも本当に忙しいです。それが一つ。

もう一つは、仕事の中身が教師個々人の価値観と固く結びついているんですね。教育者には、子どもたちにこういう人間になって欲しいとか、こういう価値を子どもたちに伝えたいという思いが根底にあると思います。そこが民間の労働者とは違うところで、教育の大切さであり、教師の仕事のいい面でもある。そういった価値観に基づいて仕事をしなければならないのに、それができない事態がいまあまりにも多いんじゃないでしょうか。自分にとって価値があることができなくて、反対に自分としてはそれほど価値を認めないことで教師や学校が評価される時代になっていますよね。だからすごく人格的に傷つけられたり、教師という職業の存在意義が侵されたりしているのが一番辛く悲しいです。もっと社会は教師を大事にしなければいけない。教師の仕事は非常に大切な仕事であるし、社会全体が支えて欲しいと思います。

船越　いまはいろいろな要因で、家庭や地域で子どもを育てることが難しくなっている傾向があり、以前に比べて学校がバックアップしなければならなくなっています。児童に学力をつけさせるだけではなくて、躾《しつけ》とか生活面のサポートもしなければならない。そういうところで教師の多忙化も出てくるんでしょうね。例えば1クラス30人以下の学級にしてきめ細かな指導ができるようにしたり、加配の教員を増やし常に複数の教師で児童の指導や支援をして、担任が1人ですべてに対処しなくてもいいような現場にしたりしていく必要があると思います。教師がゆとりを持っていれば、児童にも反映すると思うんですよ。

それから、田村さんが言われたように、教師が学校で一生懸命教えている児童が目に見えて成長していくとともに、教師も成長する。教師というのは人を育てるという、いい職業だし、楽しい仕事だろうと思うんです。しかし仕事がエンドレスになって結局倒れてしまう。仕事というのは自分や家族が幸せになっていくための手段であるはずなのに、倒れて命まで失ってしまうというのは本末転倒だと思うんです。社会も行政も学力テストの点数だけで評価するのではなくて、児童も教師もともに点数では表せないゆっくりと成長しながら卒業していけるような、人格形成の場としての学校となるようもうちょっとフォローしていただけたらありがたいと思っています。

いまの日本の教育というのは、教師の教育に対する情熱とか、善良的な部分で成り立っていると思うんですよ。でもそれだけでは無理だと思います。これから英語や道徳が教科になって、そこにまた教材研究を入れなければならない。授業力・学級経営力を教師自身が伸ばすのは大切なことです。しかし、会議・出張・教材研究・報告書作成・生徒指導などますます多忙になって、本来教師がしなくてもいいようなものまでやっているように思います。生徒指導で時間を割いたりする場合でも、違う人がサポートできるような体制をつくるとか、集金など事務的なものは、例えば行政がするとか。教師が児童の成長する部分に集中できる時間をもっとつくっていただきたいですね。

松丸　四点あります。一点目は、いま、ほとんどの教師が過労死ラインとなる週平均20時間を超えて時間外勤務をしています。そこに部活の顧問や生徒指導部の仕事、あるいは船越さんのように卒業式前とか、なんらかのプラスアルファの負荷要因が加わったときには、平均的な教師でも過労死ラインをすぐ超えてしまう。みんながそういうところで働いているから、あの先生が特に過重な仕事をしていたという認識そのものが生まれにくいのが現状だと思います。

よく在職死亡という言葉が使われます。教師の仕事が非常に多忙化していて、うちの職場の中でも在職死亡が去年は何人出ましたと。職場の多忙化ということを本気で言うのだったら、その在職死亡の背後にどのような勤務の過重性の影があるのかどうかをちゃんと調べることが大事なのであって、そうでなければ過労死と過労自殺の取り組みというのは、被災者がお気の毒だから救済しましょうという他人事の取り組みになってしまうと思うんですね。ですから、学校の先生方自身が自らがしている仕事の重さをちゃんと自覚しないことには、この問題はいつまでたっても在職死亡の問題として処理されるだけで、公務の多忙さと結びつけたかたちでの問題として認識されないと思います。

この問題に取り組むためには、職場の在職死亡の中に公務の過重性の影を見出すという作業が必要で、そうなるとやはり職場全体の問題として取り組まれるということになってくると思うんです。そうすれば逆に職場のどこを改善しなければいけないのか、要求度、支援度、裁量度、どこに問題があったのかということを一つひとつの事件の中でちゃんと見出していくことにつながって、職場の勤務条件の改善のみならず、公務災害事件の解決にもそれは役に立つと思います。

二点目、過労死が生まれるのは勤務時間意識が失われた現場です。教師の場合は残業が当たり前というところから勤務時間意識が失われていきますし、家に持ち帰っての見えない労働時間もある。それが教師の仕事のしんどさをつくり上げていると思います。まず、教師の持ち帰り残業を含めた勤務時間意識をしっかりと職場の中でつくり上げていくことが必要です。

三点目は、職場の中で過労死や過労自殺が頻発して公務災害と見られるような問題があったとしたら、原因調査のための一斉調査をその時点で行えば、多くの事件が過労死、過労自殺として公務上の災害になるケースがあると思います。それは単なる遺族の救済だけでなくて、同時に職場の人たち全体のいのちと健康を守るためには何をしたらいいかという課題が見える取り組みになってくると思います。

最後に、地公災に対してですが、地公災には公務災害の予防という任務もあります。過労死や過労自殺の事例を一番よく把握しているのは地公災のはずですから、過労死、過労自殺が生まれる要因を細かく分析し、予防のためには何をしたらいいのか、現場への提言をしっかり行う、それが地公災としての任務だと思います。

道はできている

小野田　最後に、田村さんも船越さんも長いたたかいを続けてこられた当事者として、今後に続く先生方のためにメッセージをお願いします。

田村　せっかく制度があるのだから、大いに活用して欲しいと思います。遺族や当人を救済するという意義はすごく大きいですが、申請しないことには認められない。私はどんどん申請したらいいと思います。申請あるいは場合によっては裁判のプロセスは困難かも知れませんが、初めから諦めてしまったら道は塞《ふさ》がってしまう。松丸先生がよくおっしゃいますが、道というのはみんなが歩くから道になる、歩かなければ草が生えてきて崩れて道がなくなるんです。道をみんなが歩く、それがいいと思うんですよ。

私の妻の場合は自死ですが、自死したことを明らかにしたからといって不利益を被ったことはありませんでした。むしろ胸を張って、というとちょっと言いすぎですが、嘘をついたまま一生隠し通して生きることを思えば、よかったと思います。実際に裁判に取り組むことで、うちの奥さんの知らない面がたくさん見えたんですよ。すごく立派な先生で、こんな立派な先生が仕事で亡くなってしまった、せめて補償くらいしてやって当たり前だろうと思いました。私の妻だから言うのではないんですが、そういう気持ちを持ったというのが、やはり大きいです。人によっていろいろな事情があるかと思いますが、申請したら大変だ、裁判になったらもっと大変だということはないと思います。

船越　私の嫁さんの場合は、被災者ですが、倒れてしまって卒業証書を渡すのが違う先生で、担任していた児童たちに申し訳ないという気持ちはあったんです。『あゆみ（保護者に渡す通知簿）』にしても指導要録にしても全部他の先生がしましたからね。担任として私の嫁さんは無念だろうなあと思うし、私も本当に申し訳なかったなあと思います。それでも私は組合に入っていたこともあって、本当にたくさんの仲間がいてよかったと思っています。公務災害など思いつかずにいた早い時期に弁護士さんを紹介してもらい、職場でも裁判などで休暇を取らなければならないときに同僚に全部やってもらったりしていましたから。

職場で、クラスが潰《つぶ》れかけていたり、またいろいろなことがあったときに、組織の中で誰かがちょっと手伝おうかと声をかけたらクラスも教師も潰れなくなる。誰かが接点を持ってサポートすれば何とかいけると思います。それと認定請求をすること、裁判は諦《あきら》めたらダメだということですね。

小野田　松丸先生、いかがですか。

松丸　特に地方に多いのですが、過労死、過労自死の事件があっても、周りの人が身内を過労死で亡くした、しかも過労自死で亡くした、それだけでも大変なのに、公務災害の認定は大変ですよ、やめた方がいいと善意で説得する。あるいは職場からいろいろと冷たい目で見られるし、だから辞めなさいと説得するケースが多いんですね。ですから、いまでも過労死、過労自死の事件は被災の事実の掘り起こしの段階だと思っています。

しかし一方で、救済の道筋はできています。田村さんや船越さんのように裁判まで取り組んで、救済の判決を勝ち取った集積があります。あるいは行政の基準も徐々に認定させる方向に広がってきています。私がこの問題に取り組み始めた1980（昭和55）年の初めの頃、認定率は3％から5％でした。100件の請求件数があっても、3件から5件くらいの認定の率です。それがいまでは約30％から40％の認定率となっています。救済は徐々に広がってきて、道もできている。いままで切り拓いてきた人の道の上に立って、弁護士と協力し合い、弁護士が職場の人たちとつながり、さらには管理職も含めてしっかり取り組んでいけば、遺族に大きな負担をかけずに救済できるはずです。道はいま、あるのだから、もっと気楽な気持ちで、肩肘《かたひじ》張らずにこの問題に取り組んでほしいですね。

小野田　ありがとうございました。

（2013（平成25）年11月4日　大阪大学人間科学部演習室にて）

［プロフィール］
田村 和男
（たむら かずお）
元会社員。中学校教員の妻の自死を裁判で公務災害である確定した。現在、公務災害の遺族年金の男女差別は憲法違反であると最高裁へ上告中。

［プロフィール］
船越 康成
（ふなこし こうせい）
公立小学校教諭（『季刊教育法』179 号掲載時）。現在は、小学校非常勤講師・地域の学校ボランティア等の活動をしている。

［プロフィール］
松丸 正
（まつまる ただし）
堺法律事務所・弁護士。過労死という言葉がなかった40年近く前から、その労災・公災認定や損害賠償事件の弁護活動を全国で取り組む「過労死専門」弁護士。

⑩

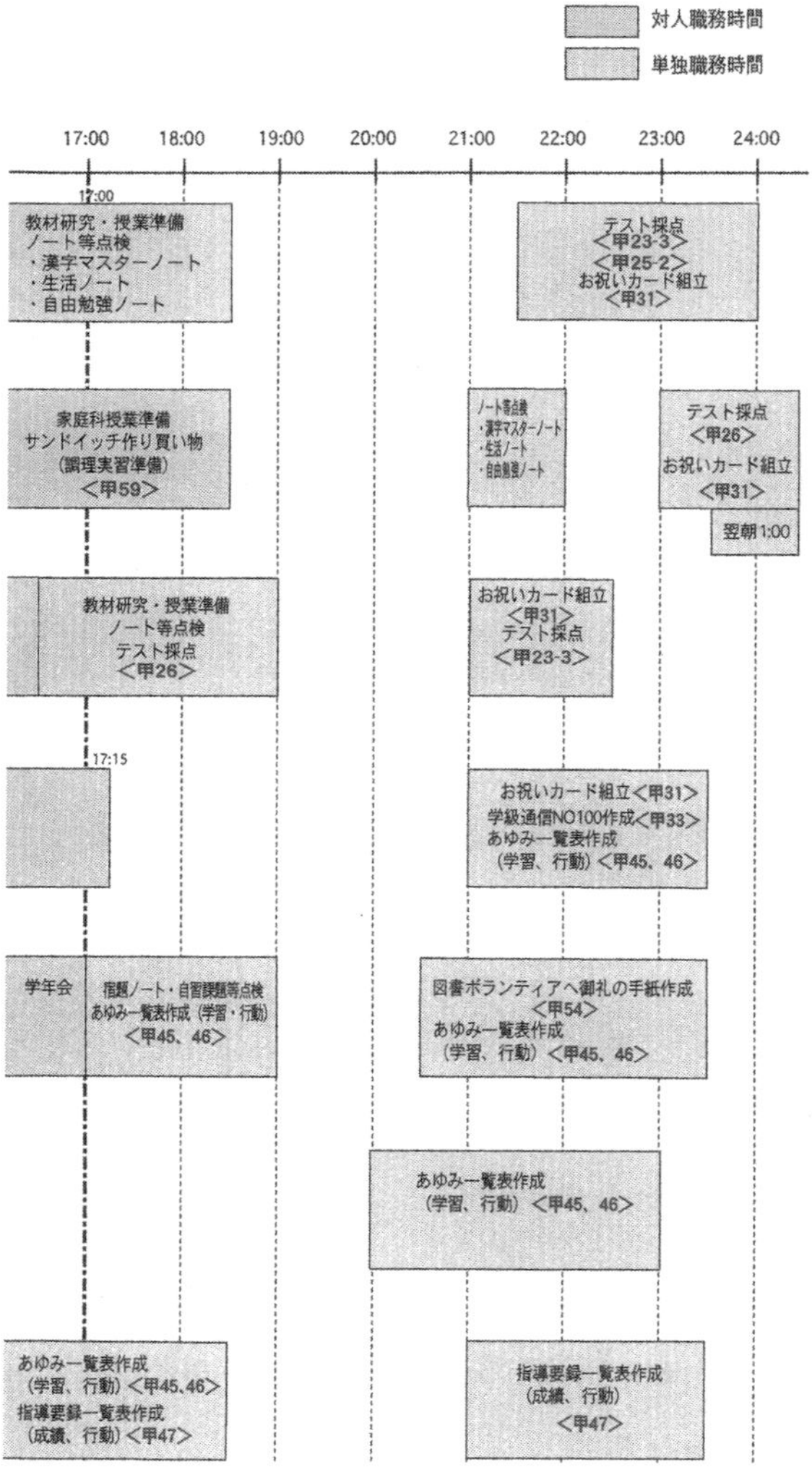

【備　考】

■３月８日「研究推進委員会」実施
備忘録貼付の「３月中行事予定表」（甲４２－２）に記載がある。

■３月９日「サンドイッチ作り買い物」
この時期、調理実習でのサンドイッチ作りは、他校でもよく行われている。児童が調理して食べるだけでなく、お世話になった教職員にも食べてもらうためである。実習に使う食材は、近辺のスーパーなどへ行って購入した。その後、家庭科室で実習に使う調理器具の準備や掲示用調理レシピの作成などを行った（甲５９）。

■３月１０日家庭サンドイッチ作り方
備忘録の３月１０日欄に原告のメモがある。

「研究全体会」

備忘録貼付の「３月中行事予定表」（甲４２－２）に記載がある。

■３月１１日「家庭サンドイッチ作り」
備忘録の３月１１日欄に原告のメモがある。
■３月１１日から成績作業（あゆみ一覧表作成）が開始。
テスト採点が終了しないと成績作成の作業は開始できない。原告が担任しているクラスで実施した最終のテストが３月１０日であり、その採点を３月１０日に実施している。したがって、３月１１日から成績作業を始めている。

■３月１２日図書ボランティアへ御礼の手紙作成（甲５４「ねこバスママの皆様へ」）
なお、パソコンの履歴にも残っている（甲５４－２）

■３月１４日　立花南小学校で「学校の階段」を印刷製本
バイト代５０００円で原告の娘が作業を手伝っている。（甲５７の８Ｐ「きよバイト5000」）原告の娘は１２時過ぎで終了し、原告は１４時まで実施していた。

「学校の階段」の現物を見ると裁断が揃っていないので業者には依頼せず、原告自身で製本を実施している。また、原告が発症する前に児童には渡している。

【資料①】

船越賀代子氏の3学期の勤務状況（10週目／全11週）

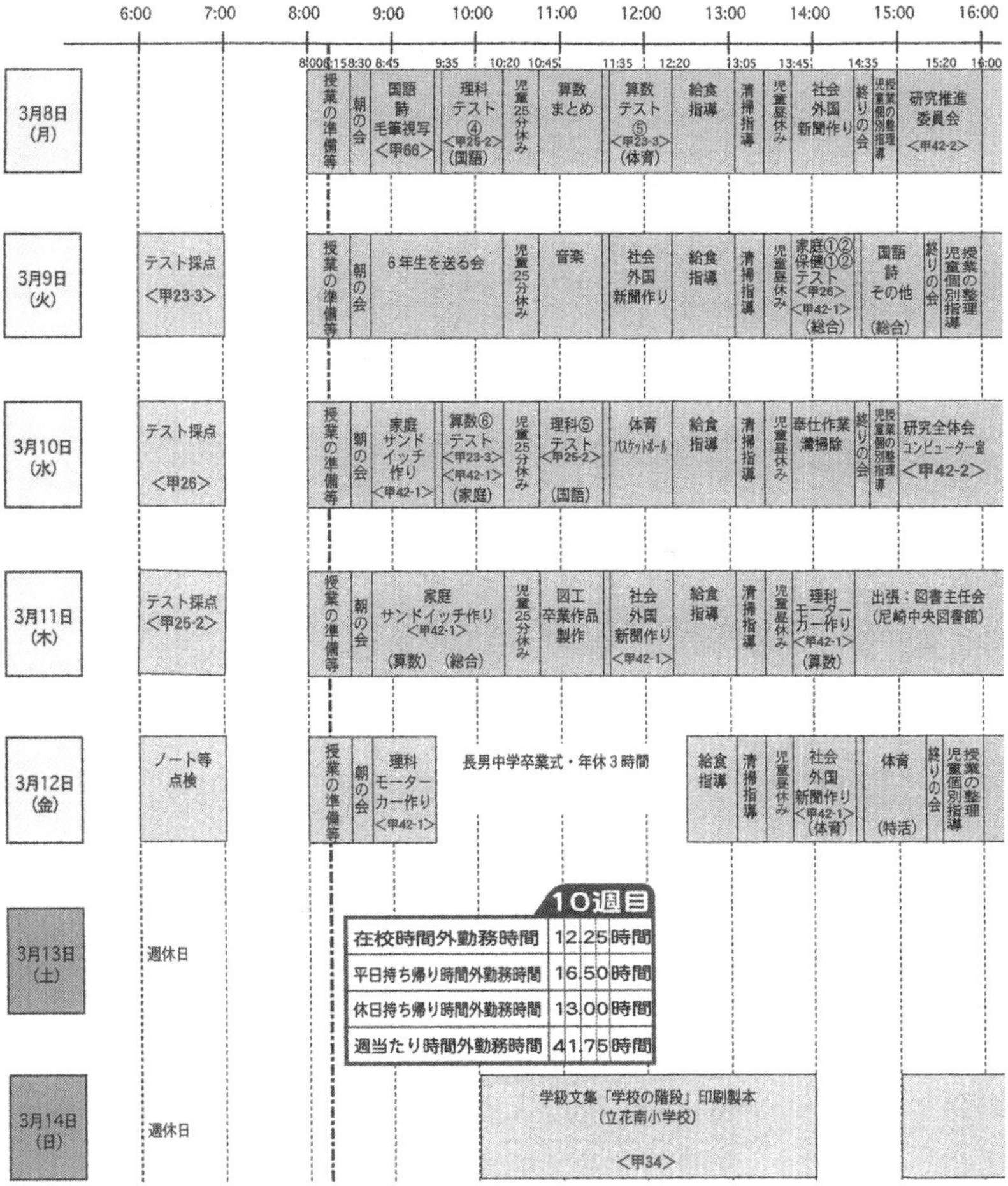

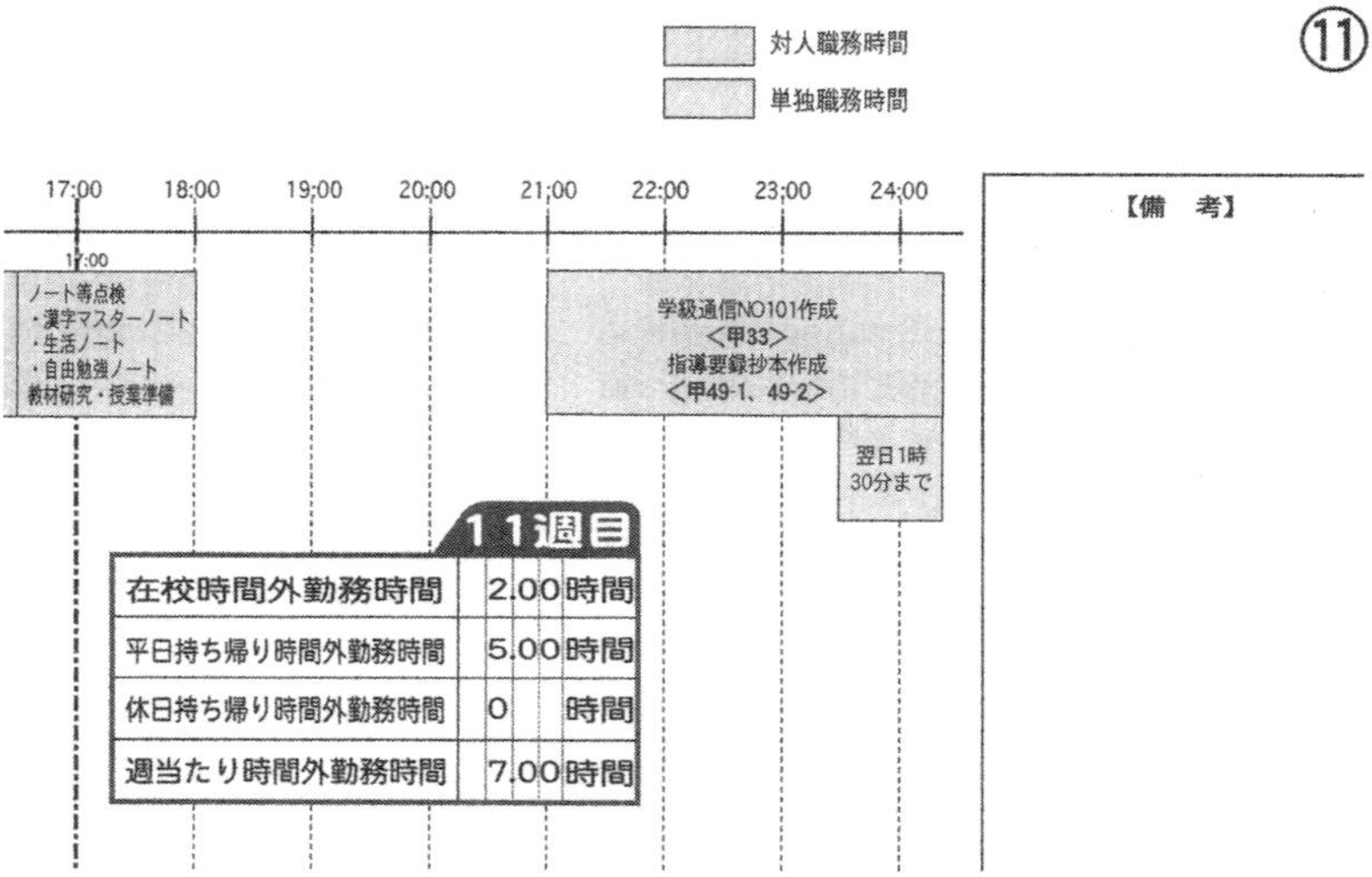

在校時間外勤務時間	2.00	時間
平日持ち帰り時間外勤務時間	5.00	時間
休日持ち帰り時間外勤務時間	0	時間
週当たり時間外勤務時間	7.00	時間

載されていれば、その日に実施している。

また、これらの資料で不明な場合は、通常、テストは各単元が終了した時点で実施しているので、その時期に実施したとした。

各単元の終了時期については、備忘録（乙６－２５、甲４２－１）の各日毎に記載された授業の記述（「週学習計画表」）で特定した。

採点の業務内容は、甲６３の表　６の通りであり、採点業務の実施日は、通常はテスト実施日、テスト実施日に他の行事や業務があって採点ができない場合には、その翌日に実施している。

採点業務は、学校での時間外勤務時間あるいは持ち帰り残業で実施していた。その根拠は「ノート等点検の時間帯」についてと同様である。

６、毎日漢字テスト（毎漢テスト）の実施日と採点の時期

毎漢テストの実施日は、教務必携（乙６－２６、甲４１）とテスト答案用紙(甲２２－３⑤⑧⑨⑩⑪⑭⑮)の日付による。

採点の実施については、他のテストと同様である。

７、学年会の実施

学年会とは各学年の担任が参加する会議であり、当初から予定されているものについては、学校の1月から3月の行事予定表（甲４２－２）で確認している。

また、予定表に記入された以外に、1月には理科教材や「総合的な学習の時間」の教材研究のため週２回、2月、3月には卒業に係わる打合せで週２回程度実施していた。これは同僚である村田教諭の陳述書の記載による（村田陳述書　甲５９)。

「総合的な学習の時間」は、文部科学省が現行指導要領より新たに導入した「教科」であるが、これまでの教科の枠を超えて実施する授業である。各学校、各学年で取り組む課題を検討して決めており、平成１５年度の６学年ではボランティア活動を取り上げた。国語でも３学期教材でボランティアの単元があり、国語とも関連づけながら学習をすすめた（詳細は、立花南小学校研究冊子６年の頁、甲３９の「６年の１１」頁を参照)。

当時の立花南小学校では、「総合的な学習の時間」を研究授業対象の教科としており、3月４日には６年として全職員に公開授業を行った。

【資料②】

船越賀代子氏の3学期の勤務状況（11週目／全11週）

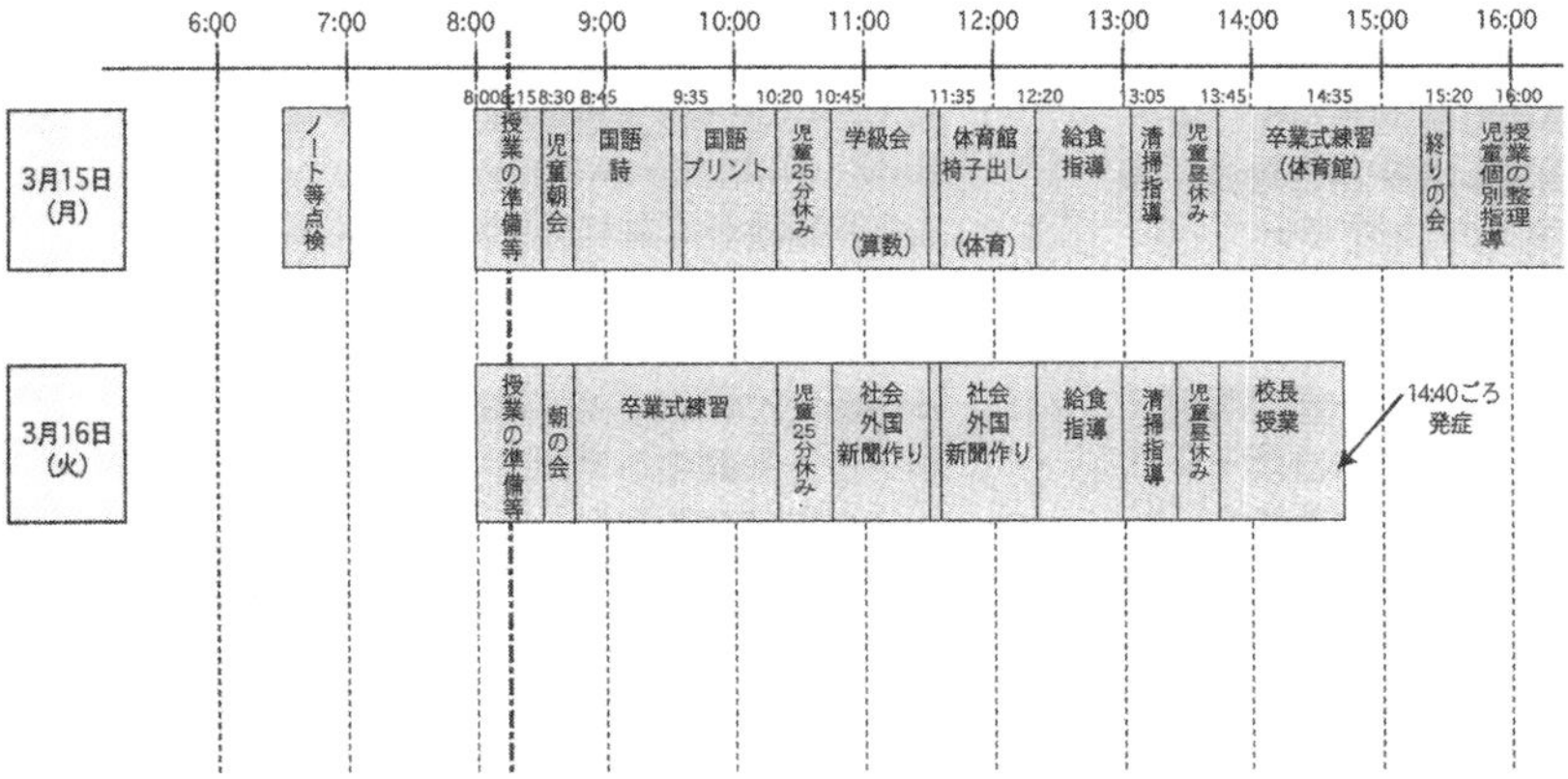

《表全体に関する説明》

1、この表は、発症直後に原告の夫船越康成（小学校教諭、平成16年当時立花北小学校3年担当）及び家族（当時、高校3年長女、中学3年長男）の記憶に基づいて作成した平成16年2月1日以降発症までの表、甲2、乙3号証資料21の表、今回書証として提出した資料などに基づき、作成している。

2、作業の実施日、実施時間については、前項の表、原告の夫と家族の記憶、今回書証として提出した資料に基づいて、各作業を実施した日を特定し、また、各作業に通常要する時間数（甲63）に基づいて記入している（詳細は準備書面参照）。

3、学級通信「自分のことばで」の作成の時期の根拠

自宅の持ち帰り残業として学級通信を作成していたのは、原告夫が目撃した記憶により、作成日は、原則として、学級通信（乙6－20、甲33）に記載の発行日の前日である。

4、ノート等点検の時間帯

ノート等の点検は、甲63の表　5の通り、提出を受けた当日に返却する必要がない自由勉強ノート（乙6－11、甲22－1、甲23－1、甲24－1、甲25－1など）、生活ノート（日記）（乙6－15、甲28）、漢字マスターノート（乙6－11）については、学校での時間外勤務時間あるいは持ち帰り残業で実施していた。

これは、原告夫の記憶、村田ら同僚の陳述書（甲6～甲8）で原告が退勤時にノートなどを大きな紙袋に詰めて持ち帰っていたと述べていること、所属長作成の職務従事状況でも午後5時以降にこれらの作業を行っていたとの記憶があること（乙3の83頁以下、資料19）、所属長作成の発症前1週間の職務内容、同1ヶ月間の職務内容の記載でもノート類の点検など多くの学級担任の業務が勤務時間中では行えず、勤務時間以降や自宅へ持ち帰って処理することが多かった、と記述していること（乙3の77頁～80、資料14～資料17）などを根拠とする。

また、学校で他の行事が入り学校での時間外勤務の時間帯で点検が実施できていない日には、他の日と比較してもより多くの持ち帰りでのノートの点検時間が必要である。

5、教科テスト実施日と採点の時期

教科テスト実施日は教務必携（乙6－26、甲41）、備忘録（乙6－25、甲42－1）で実施日が記

おわりに

本書は、私がこの数年間編集代表を務めている『季刊教育法』（年4回発行、エイデル研究所）に載せた原稿（対談、座談会そして論稿）のいくつかをまとめるかたちで編んだものです。「教育法」とは、教育の方法のことではなく、教育に関する法規や法律問題のことです。

いま教育関係にとどまらず定期刊行物としての雑誌は、発行部数が伸び悩み採算がとれない状態が続き、かつ長い文章を読むことも忌み嫌われるために、ひとつの原稿や論文が見開き2頁といった状況になりつつあります。ハウツーものを手早く求める傾向は時代の要請でもありますが、それだけ教師や学校関係者にとっても、じっくりと読める奥深い内容は、時間も余裕もないということで敬遠されているのでしょう。それは自ら進んで難しい現象を「理解する」「考える」ことを疎《うと》んじる状態を生み出します。

『季刊教育法』の初刊は1971（昭和46）年まで遡《さかのぼ》ります。当時の私はまだ高校生でしたが、その後に法学部の学生時代、教育学の大学院生時代も定期購読し続け、最初の就職先の長崎大学教育学部時代も、本誌は輝きを放つ「あこがれ」の教育専門雑誌でした。文字のポイントも小さくびっしりと詰まった誌面で、ときには難解な表現や叙述が並んでいました。「これぐらいの内容が理解できなくてどうする！」という思いで、繰り返し読んで理解しようと「自ら努力」しました。

しかし時代は変わりました。伝統ある教育雑誌のいくつかが廃刊になりました。残った雑誌も、1

頁の文字数がかつての半分しかないものが多くなりました。そんな状況の中で、5年前にエイデル研究所は私に「むちゃぶり」をしてきたのです。かなり異端な内容（学校と保護者のトラブル）の研究を手がけ、教育学界でも変わり者と見られている私に、特集の内容や組み方を全面的に依頼してきたのです。「正気の沙汰《さた》とは思えない、私が廃刊の引導《いんどう》を渡す役割になるかもしれない」と返事をしましたが「それでもけっこうです。本望です」とわけのわからない会話が繰り返されました。体よく言えば「下にも置かず三顧の礼」となりますが、要するに「丸投げ」です。

こうして引き受けた編集ですが、いくぶん「傾奇者《かぶきもの》」ですから、それ以後は「教育に関する法律問題を扱う」というテリトリーだけは守りつつ、普通の教育雑誌が取り上げないような特集を組み、執筆陣も私の判断で依頼しました。本書の内容構成を見れば、それがよくわかっていただけるのではないかと思います。

私が大事にしているのは「なまもので生き物の学校の現実から事実を見つめ展望を語る」というスタンスです。

なお私は、現在次の2つの雑誌で連載執筆を続けています。もしご関心がありましたらぜひ読んでください。『月刊高校教育』（学事出版、毎月発行）に「悲鳴をあげる学校～学校への要望・苦情そしてイチャモン」（2005（平成17）年から現在、通算115回を超えて70万字）、『内外教育』（時事通信社、毎週火・金発行で、金曜日号に連載）に「普通の教師が普通に生きる学校～モンスターペアレント論を超えて」（2010（平成22）年から現在、通算235回を超えて80万字）。

［プロフィール］

小野田 正利（おのだ まさとし）

大阪大学大学院教授（人間科学研究科）。専門は教育制度学・学校経営学。モットーは「学校現場に元気と自信を！」。学校と保護者の関係を考える「イチャモン研究会」などの活動を通して、徹底して学校現場に根ざした研究を続けている。全国から依頼殺到の講演は、もはや教育界の「名物」となっている。著作物多数、近著に『それでも親はモンスターじゃない！ ― 保護者との向き合い方は新たなステージへ』（学事出版）、編者として各年度版『教育小六法』（学陽書房）など。

先生の叫び
学校の悲鳴

2015年12月24日　初刷発行

編　著■小野田　正利
発行者■大塚　智孝
発行所■株式会社 エイデル研究所
〒102-0073　東京都千代田区九段北4-1-9
TEL. 03-3234-4641／FAX.03-3234-4644
装丁・本文DTP■大倉　充博
印刷・製本■中央精版印刷株式会社

Printed in Japan ISBN978-4-87168-575-7 C3037
（定価はカバーに表示してあります）